Roland Spiegelhauer

Grün ist meine Farbe
Zelená je moje barva

ISBN 3-9803725-8-8

Grün ist meine Farbe

Geschichten um Wald und Weidwerk
erzählt von Roland Spiegelhauer
mit Photographien von Ingo Beer

Zelená je moje barva

Lovecké příhody vypráví Roland Spiegelhauer
fotografiemi doplnil Ingo Beer

Übersetzung: Květoslav Němec
Lektorat: Dr. Ortlef Brüning
Satz (deutsch): Roland Ludwig
Satz (tschechisch): Dana Klingerová
Alle Rechte beim Verlag und dem Autoren
Ingo Beer Verlag, Am Fichtbusch 64,
D-08340 Schwarzenberg
Tel. 03774 / 6 16 32

Přeložil: Květoslav Němec
Lektor: Dr. Ortlef Brüning
Veškerá práva: Nakladatelství,
Sazba: Dana Klingerová
Ingo Beer Verlag,
Am Fichtbusch 64,
D-08340 Schwarzenberg
Tel. 03774 / 6 16 32

Allen Mitwirkenden an diesem Buch gilt mein herzlicher Dank.

Besonders bedanke ich mich bei Herrn Stanislav Nemec, aus Mikulov, für die freundliche und großzügige Unterstützung bei meiner Fotoarbeit in den einmaligen Rotwildrevieren auf den Höhen des böhmischen Erzgebirges.
Für den Naturfreund und Fototourist besteht dort in der Tschechischen Republik die Möglichkeit, die Besonderheiten dieses schönen Fleckchens Erde zu erleben.
Dabei lernen Sie die Gastfreundschaft unserer Nachbarn kennen. Sie werden auch überrascht sein von der ausstrahlenden Ruhe dieses großen Waldgebietes und belohnt mit nachhaltigen Naturerlebnissen oder gar beeindruckenden Natur- und Tieraufnahmen.

Ingo Beer

Můj srdečný dík všem, kteří se podíleli na tvorbě této knihy.

Zvláště děkuji panu Ing. Stanislavu Němcovi z Mikulova, za jeho přátelskou a velkorysou podporu při fotografování jelení zvěře a přírody v tomto jedinečném revíru na vrcholcích českého Krušnohoří. Pro milovníky přírody, zejména fototuristy, je tento krásný kout České republiky oblastí lesního ticha a zvláštností přírody a každého jistě odmění nezapomenutelnými zážitky i půvabnými snímky přírody, zejména zvěře.

Ingo Beer

Předjaří

Jako osvobozen vnímám ty první slunečné dny měsíce března. Za teplého deště a větru mizelo rychle bílé kouzlo zimy, jen tu a tam se brání ještě špinavě šedé zbytky zledovatělého sněhu. Slunce již řádně vyčistilo role, vysušilo oraniště a ozimy probudilo do nového života. Jako poslové jara vyrážejí z klína země světlounce zelené lístky, do výše k modravé obloze stoupá trylkující skřivan, na vrcholcích stromů dychtivě pískají špačci, do jarního večera zaznívá měkké volání drozda. Na lískových keřích vyrážejí zlatožluté jehnědy a na jívách se to stříbří kočičkami.

Čas loveckého klidu je tady. Krmelce jsou opuštěny, ze žebřin jeslí splihle visí poslední zbytky sena. Srnčí zvěř přešla již dříve na přírodní paši. Často je vidět za dne malé skupinky srnčí zvěře, která bere jemné zelené špičky osení. V tomto čase si lze udělat obraz o stavu zvěře. Kterému myslivci by se srdce nezasmálo, když vidí dobrého srnce jak se „chlubí" parožím obaleným ještě tlustým, neohrabaným lýčím. Přijde čas, že paroží bude řádně vytlučeno a nastane čas lovu srnce. Do té doby musí se myslivec vyzbrojit trpělivostí, neboť i v tomto čase ho čeká mnoho mysliveckých zážitků a radostí.

V březnu se vracejí do našich lesů hřivnáči. V nejednom předjarním dni je slyšet jeho volání, toho malého rytíře s blankytně modrým opeřením a bílým půlměsícem - kroužkem na krku. Takového vrkajícího holuba našoulat vyžaduje vytrvalost a šikovnost, neboť on vše ostře pozoruje a vnímá. To znamená v době jeho umlknutí zůstat bez pohybu až do chvíle, kdy se ozve opět jeho vrkání. Sebemenší nepozornost a hlasité zapláčání křídel oznamuje, že holoubek je pryč.

Toulám se starou vyježděnou cestou. Při každém kroku je znát vlhkem změklou půdu, ve které se jasně rýsují stopy jelení zvěře. Vzduch je vlažný, naplněn kořennou vůní. Všude je cítit jaro. V pozadí ve starém lese volá - on, holub - jeho „krů, krů, krů, krů", přelétne sluncem ozářené vrcholky starých stromů, vznáší se nádherným letem, stoupá, aby v zápětí sklouznul do moře zelených vrcholků. Pokouším se šoulat kousek tím směrem, záhy však zůstávám, v očekávání jeho volání, u smr-

Vorfrühling

Wie befreiend empfinde ich die ersten sonnenüberglänzten Märztage. Unter Föhnwind und Regen schwand der weiße Zauber des Winters rasch dahin, mögen sich hier und da ein paar schmutziggraue Schneereste noch hartnäckig halten. Die Sonne hat die Fluren blankgeputzt, die Äcker getrocknet, die Saaten zu neuem Leben erweckt. Schon drängen die ersten zarten Frühlingsboten aus dem Schoße der Erde hervor, steigt die Lerche trillernd empor ins Blau, pfeifen und gieren die Stare vom hohen Wipfel, ertönt in den Abend hinein der Drossel schmelzender Schlag. Am Haselstrauch strecken sich goldgelb die Blütenkätzchen, und in den Salweiden schimmert es silbern.

Die jagdlich „tote" Zeit ist nun vorüber. Verlassen sind wieder die Wildfütterungen, fahl hängt der letzte Heurest in den Raufen. Längst hat sich das Rehwild auf natürliche Äsung umgestellt. Oft steht es auch am Tage in kleinen Sprüngen auf den jungen Saaten und äst die zarten grünen Spitzen. Um diese Zeit kann man sich am besten ein Bild machen, wie es um den Wildbestand bestellt ist. Welchem Weidmann lachte nicht das Herz, wenn er diesen oder jenen braven Bock im klobigen Bastgehörn „prahlen" sieht. Doch bis das Gehörn blankgefegt und die Bockjagd aufgeht, hat er sich noch in Geduld zu üben. Inzwischen erwarten ihn die kleinen Jägerfreuden.

Im März kehren die Ringeltauben aus dem Süden in unsere Wälder zurück. An einem milden Vorfrühlingstag hört man ihn zum ersten Male rufen, den kleinen Ritter mit dem wolkenfarbigen Gefieder und dem weißen Halbmond um den Hals. Viel Ausdauer und Geschicklichkeit gehören dazu, den rucksenden Tauber anzupirschen. Er äugt und vernimmt sehr scharf. Da heißt es, während er verstummt, unbeweglich zu verharren, bis sein Rufen von neuem beginnt. Die kleinste Unachtsamkeit, und er poltert flügelklatschend davon.

Ich schlendere den alten, tief ausgefahrenen Rückeweg entlang. Bei jedem Schritt quillt Nässe unter meinen Füßen. Trittsiegel von Rotwild stehen scharf und deutlich im aufgeweichten Boden. Die Luft ist lau und würzig, es riecht nach Frühling. Da hinten in dem alten Holze ruft er, der Tauber, „grugru, gruuu – grugru, gruuu", schwingt sich über besonnte Wipfel, schwebt in herrlichem Fluge, klatscht mit den Schwingen, steigt abermals, gleitet zurück ins grüne Wipfelmeer. Ein kurzes Stück noch pirsche ich auf ihn zu, dann lasse ich mich, seiner neuerli-

chen Liebesarie gewärtig, auf den Stamm einer Wurf-
fichte nieder. Ihr grünes Kronengeäst steckt auf der
Schattenseite noch tief in körnigem Schnee. Ich
schaue und lausche in die Runde. Drüben am Hang
in den raumen alten Buchen trommelt ein Specht.
Jetzt tönt auch sein gellender Ruf wie ein Juchhu-
Schrei durch die Lüfte. Die dunkel getönte Stimme
meines Taubers aber schweigt über eine Viertelstun-
de schon. Oder ist er längst abgestrichen?

„Gurr, gurr" Aha! Es reizt mich, auf der hohlen
Faust zu locken. Doch ich habe mich in dieser Kunst
schon lange nicht geübt, und mein Tauber fiele auf
die Stümperei gewiß nicht herein. Vorsichtig, von
Stamm zu Stamm, immer auf Deckung achtend,
pirsche ich weiter auf ihn zu. Schweigt er, verharre
auch ich. So nähere ich mich ihm in einem wahren
Geduldsspiel, denn die Strophen sind meist kurz und
die Pausen lang. Noch sehe ich ihn nicht, ich ahne
ihn nur. Vielleicht aber hat mich der scharfäugige
Vogel von seinem hohen Auslug schon längst erspäht.
Doch ohne Argwohn beginnt er von neuem zu rufen:
„Du, du, du – nur du". Jetzt mit äußerster Vorsicht
die letzte Etappe, wohl zwanzig Gänge noch. Ich füh-
le, wie das Herz ein wenig schneller schlägt. Nur ein
Tauber ... Mit dem Glas suche ich die Fichtenkronen
ab. Leicht verschmilzt sein Gefieder mit der Bläue
des Himmels. Endlich habe ich ihn. Ganz oben sitzt
er, auf einem spärlich benadelten Ast. Leise wiegt
der Wipfel im Wind. Wenn er nur aushält! Ganz
langsam, Zentimeter für Zentimeter, schiebe ich den
Lauf der Doppelflinte schräg nach oben. Da ruckt
das Köpfchen herum, der Hals wird lang und länger
– er hat Lunte gerochen. Aber schon hat das Korn
die rötliche Brust gefaßt.

Ein bißchen andächtig hebe ich ihn auf, und die
Jugendzeit kommt mir wieder in den Sinn. Als
sechzehnjähriger Grünspecht halte ich zitternd die
alte, zernarbte Hahnflinte des Lehrmeisters in den
Händen, schleiche mich klopfenden Herzens an von
Stamm zu Stamm, und mitten in des Taubers
Liebeslied dröhnt der Schuß. Ganz eingehüllt in
beißenden Schwarzpulverdampf höre ich, wie er
durch die Baumkrone knisternd zu Boden fällt. Mein
erster Tauber!

Blattzeit

Wenn auf den Waldblößen rötliches
Schmielengras sanft im Winde wogt und die Wei-
denröschen ihr Blütenfeuer entfachen, wenn Mensch
und Tier unter der Hundstagshitze schmachten und
die Gewitter zunehmen an Gewalt und Heftigkeit,

kového polomu, jehož koruna, dosud zelená,
vězí ze stinné strany v zrnitém sněhu. Na-
slouchám a pozoruji okolí. Na druhé straně
svahu v porostu drsných starých buků
bubnoval datel. Chvílemi zněl jeho proni-
kavý hlas, avšak temně znějící hlas mého
holuba mlčel již více jak čtvrt hodiny. Nebo
snad již dávno zmizel?

„Krů, krů", zkouším v mysli holubí volání
a jímá mne pokušení lákat holuba na dutinu
přivřené dlaně. Umění takto lákat holuby jsem
již dlouho necvičil a můj holub by jistě na moje
volání nenaletěl. Pozorně, strom od stromu,
vždy v náležitém krytu šoulám ve směru
tušeného holuba. Mlčí on, vydržím i já. Tak
se mu přibližuji ve skutečné hře trpělivosti,
jejíž strofy jsou mnohem kratší než přestávky.
Dosud ho nevidím, jen tuším. Snad mě ten
ostrozraký pták z jeho vysokého výhledu
zpozoroval.

A přece ne! Bez podezření začal volat znovu
to jeho „krů, krů". Nyní jde s největší opatrností
o tu poslední etapu, snad ještě pouhých dvacet
kroků. Cítím, jak se mi zrychluje tep srdce.
Jen jeden holub.... Triedrem ohledávám koru-
ny smrků. Barva jeho peří lehce splývá s mo-
dří oblohy. Konečně ho mám! Sedí docela
nahoře na polosuché větvi. Vítr kývá tiše
vrcholem stromu. Jen aby nyní vydržel! Do-
cela pomalu, centimetr za centimetrem,
sunu hlavně mojí dvojky šikmo nahoru. Tu
se hlavička pohybuje kolem, krček je delší
a delší - tuší nebezpečí. Tu již olověná zrna
zasáhla načervenalou hruď.

Poněkud zamyšlen zvedám zhaslého, ma-
lého rytíře a myšlenky se vrací do mého mládí.
Jako šestnáctiletý zelenáč držím v třesou-
cích se rukou starou zjizvenou ručnici mého
učebního mistra, s tlukoucím srdcem plížím
se strom od stromu a uprostřed holubí milost-
né písně zahřmí výstřel. V oblacích štiplavého
kouře z černého prachu slyším, jak koru-
nou, narážeje zhaslými perutěmi o větve,
padá k zemi. Můj první holub.

Srnčí říje

Když pampelišky odevzdávají větru jejich
ochmýřená semínka, na lesních mýtinách
povívá metlice kolébaná větrem, když člověk
i zvíře strádá úmorným vedrem, bouře nabývají
na síle, tu srnčí zvěř slaví své námluvy.

Jako v divokém honu pádí v říjných kruzích loukou, polem či lesem pár srnčí zvěře, až půvabná srna se oddá tomu drsnému, parohy ozdobenému srnci. Probíhá vrchol srnčí říje.

S ohledem na pravidla chovu zvěře je úmysl a touha myslivce toho utajeného „kapitálního" navábit - k jeho konci. Vábení a pískání je prastarý způsob lovu, jehož cílem je napodobit umělými nebo přírodními prostředky pískání říjné srny. Staří, zkušení myslivci používali k vábení bukový list a poznali úzkostné volání srnečky, milostné pískání říjné srny, či žalostné volání srnčete. Srnec přiskočí na pískání.

Který malíř loveckých motivů by nebyl tímto letním časem s neočekávanými pohledy a zvláštními zážitky inspirován?

Čtyři, pět srnců, mezi nimi skutečně dobré, viděl jsem již začátkem říje. Toho či onoho jsem mohl docela lehce ulovit. Mě však lehce získaný úlovek nevzrušuje.

Jednoho letního večera seděl jsem na loukách s protékajícím potokem a prohlížel vše neznámé. Jak milý kousek země je toto lesem ohraničené údolí luk. Na jaře pučí zde petrklíče a sasanky, při zpěněném potoce a na bahnitých místech bují blatouchy v bohatých keříčcích. Na první jarní zeleni za denního světla bere paši důvěřivá srna v ještě nevzhledném šedém zimním odění. Nad údolím, vysoko pod modrou oblohou, krouží káně lesní. Když na smrku vyráží první májové letorosty, jsou také louky oděny do pestrých pastelových tónů, nejkrásnější to jejich ozdoba. Na filigránu trav visí a stříbře se leskne ranní rosa.

Srny již přebarvily do červena a tajemně ukládají svá srnčata do vysoké trávy, kde jim nehrozí takové nebezpečí.

Teprve později bude na horských loukách zahájena senoseč. Traktory rachotí údolím a moře stébel padá do dlouhých řad. A vydrží-li několik dnů za sebou slunné počasí, naplní se vzduch kořennou vůní sena a sedláci svážejí domů dobré a pro dobytek chutné luční seno.

Ze železného žebříku, který mi slouží jako rozhledna, toulá se pohled daleko dolů přes les a pruhy luk. Vlevo se rozkládá role prostoupené křovinami a keřovým valem. Ve výši, kde se země s oblohou dotýká, tvoří obzor ka-

dann feiert das Rehwild Hochzeit. Wie die wilde Jagd poltert, rauscht und fegt es durch Wiese, Wald, Busch und Feld, bis das grazile Reh sich willig gibt, ihm, dem groben, horngezackten Schrat.

Den Fortpflanzungstrieb des Wildes macht sich der listige Jäger zunutze, den heimlichen „Kapitalen", jetzt bar seiner schärfsten Sinne, ins Verderben zu locken.

Lock- oder Blattjagd heißt deshalb die uralte Jagdart, die das Fiepen des brunftigen Rehs mit natürlichen oder künstlichen Hilfsmitteln imitiert. Die alten Meister der Lockjagd fiepten mit dem Buchenblatt und wußten zu unterscheiden zwischen des Schmalrehs Angstschrei, der Ricke werbenden Liebesruf, des Kitzes Klagelaut. Der Bock sprang aufs Blatt – Blattzeit.

Welcher Weidmann möchte sie missen, die hochsommerliche Zeit mit ihren oft unverhofften Anblicken, einzigartigen Erlebnissen, mit Stimmungen und Bildern, die Jagdmaler zu allen Zeiten inspirierten?

Vier, fünf Böcke, darunter recht brave, sah ich schon zu Beginn der Blattzeit. Den einen oder anderen zu strecken wäre leicht, allzu leicht gewesen. Doch mich reizt nicht sonderlich die leichte, mühelose Beute.

An einem stillen Hochsommerabend sitze ich in den Geißelbachwiesen und halte Ausschau nach dem Unbekannten. Ein liebliches Fleckchen Erde ist dieses waldumkränzte Wiesental. Im Frühjahr sprießen Schlüsselblumen und Anemonen am überschäumenden Bach, und an sumpfigen Stellen wuchern Sumpfdotterblumen in armvollen Büschen. Am ersten jungen Grün äst im hellen Sonnenlicht vertraut das Reh, jetzt noch unansehnlich im zottig grauen Winterkleid. Über dem Tal, hoch im Blau, zieht der Bussard in weiten Kreisen seine Bahn. Scharf wie ein Katzenschrei klingt sein Ruf in den Tag. Wenn an den Fichten der junge Maiwuchs sich streckt, stehen bald auch die Wiesen, von bunten Pastelltönen überhaucht, in ihrem schönsten Schmuck. Am Gräserfiligran sprüht und glitzert silbern der Morgentau. Die Rehe haben sich rot verfärbt, und heimlich setzt die Ricke ihr Kitz versteckt ins hohe Gras. Kein tückisch blitzender Messerstahl wird ihm zur tödlichen Gefahr. Erst spät kommt auf den Waldwiesen die Heuernte in Gang, rattern Traktoren durchs Tal, sinkt das Halmenmeer in langen Schwaden dahin. Gibt es ein paar Tage hintereinander Sonnenschein, liegen würzige Rüche und Düfte schwer in der Luft, und die Bauern heimsen gutes, dem Vieh bekömmliches Wiesenheu.

Von der Eisenleiter, die mir als Auslug dient, schweift der Blick weit hinab über Wald und Wiesenschlingen. Zur Linken liegt die Feldflur ausgebreitet, durchsetzt von Busch und Baum und Heckenwall. Auf der Höhe, wo sich Himmel und Erde berühren, markiert der Steinberg einen Gipfelpunkt. Vor nicht allzu langer Zeit klammerten sich noch ein paar Dutzend zerzauste Wetterfichten mit ihren Wurzeln an die karge, steinige Erde. Sie wurden dürr und bleich. Der Bauer kam mit Axt und Säge und tat das Notwendige und Nützliche zugleich. Dann blieb das Stück Unland sich selbst überlassen. Die Natur aber gewann zurück, was verloren ging, und überzog die kahle Bergkuppe mit jungem, frischem Grün der Eberesche.

An den Wald grenzt in einer langgestreckten Flanke ein unüberschaubarer Kleeschlag, dem mein besonderes Augenmerk jetzt gilt. Auch der liebestollste Bock dürfte einer gelegentlichen Stärkung nicht entsagen. Nur ein Sprung aus der schützenden Deckung, und er steht im jungen Klee. Oder das Reh, dem er jetzt tagelang an der Schürze hängt, verführt ihn zu einer verhängnisvollen Eskapade. Aber das Feld bleibt leer. Nur zwei, drei Hasen mümmeln und spielohren weiter draußen, und auf dem frischgemähten Kleestreifen mäuselt ein Fuchs. Wie er sich anschleicht, wie hoch er durch die Lüfte schwebt in federndem Sprung! Auch die abgeblühte Wiese, die mir in verwaschenen Farben zu Füßen liegt, behalte ich im Blick. Es gilt scharf zu beobachten, ein Rehhaupt, einen roten Rückenstreifen zu erspähen. Beinahe hätte ich auch die beiden Kitze übersehen, die mir mit ihren ungelenken Hopsern und Sprüngen ein wenig die Zeit vertreiben. Kindlich und naiv, wissen sie mit ihrem vorübergehend mutterlosen Dasein nichts Rechtes anzufangen. Aber nicht lange, und auch sie hat der Wiesendschungel wieder verschlungen. Langsam sinkt die Dämmerung herab mit ihren grauen Schatten, verhallt ist das letzte Vogellied, verstummt im nahen Dorf des Tages laute Geschäftigkeit, und in diesem Frieden kommt auch in mir das Kreisen der Gedanken zur Ruh.

Was war das eben? Laute, die mich aus dem Träumen reißen. Da unten in den Wiesen treibt keuchend ein Bock. Und schon kommt sie näher, die wilde Jagd, rauscht ganz nahe im hohen Gras an mir vorüber, alles nur einen kurzen Augenblick. Dann wieder treiben beide ferner ihr heimliches Spiel. So geht es fort, mal nah, mal fern, bis die Nacht alle Konturen löscht und auch der Rehe Minnespiel ein

menitý vrcholek. Ještě v nedávném čase drželo se v jeho hubené, kamenité půdě několik rozcuchaných smrkových souší. Byly suché, vybělené, kořeny ztvrdlé. Sekerou a pilou učinil sedlák nutné i užitečné. Osamocen zůstal nyní sám pro sebe tento kousek chudé země. Matka příroda však napravila, co bylo ztraceno. Oblékla tento kamenitý vrcholek do svěží zeleně mladých jeřábů. S lesem hraničí okraj nepřehledného, dříve pokoseného jeteliště. Tomu platí nyní moje pozornost. Ani zamilovaný srnec by neodolal posilnit se mladým, opět vyrážejícím jetelem. Či snad je to srna, kolem které se již několik dnů točí a která ho svádí k milostnému reji končícím mnohdy výstřelem myslivce? Nyní zůstává pole prázdné. Pouze několik zajíců chvílemi jistí, chvílemi ochutnává mladý jetel. Na čerstvě pokoseném pruhu jeteliště myškuje liška. Jak se plíží, jak vysoko se vznáší při jejím pružném skoku! Také odkvétající louku pode mnou nenechávám bez povšimnutí. Tu ve vysoké trávě se mihne srnčí hřbítek. Málem bych byl propásl dvě srnčata, která si krátila čas roztomilým, hravým poskakováním. Jak dětsky a naivně vypadalo jejich chování v dosud dětském, světlými skvrnami vyparáděném oblečku. Záhy je však pohltil vysoký travní porost. Pomalu padá na krajinu soumrak s jeho šedými stíny, usíná ptačí píseň, ztichla i nedaleká obec, dozněl ohlas jejího denního zaměstnání a v tomto míru se uklidnilo i výření mých myšlenek. Však co to? Zvuky, které mne vytrhly z mého snění. To dole v loukách honí srnu supějící srnec. Již se blíží ten divoký hon a prošumí ve vysoké trávě docela blízko kolem mne. To vše jen v okamžiku, a již se vzdalují, pokračujíce v jejich milostném, tajemném honu. Tak to probíhá večerem jednou blíž jednou dál, až nástup noci ukončí jejich milostné snoubení. Tichým krokem odcházím a v hlavě tkví mi dotěrná zvědavost. „Co to může být za srnce? Je to ten silný, kapitální, který by mě dal prožít okamžiky lovecké vášně a posléze radost z nádherného úlovku?"

Večer co večer usedám v rohu luční enklávy a napjatě očekávám okamžik, zda a kdy se objeví ten tajemný neznámý. Každým dnem stoupající srnčí říje nabízí se mi z mého vysokého posedu bohatá lovecká podívaná. Tento kousek přírody je pravým srnčím rájem. Ve vysoké trávě nabízí se mu pohodlný úkryt a potřebný klid, na vedlejším poli zelená se bujný, mladý jetel, pochoutka to převýborná.

Náhle se vynoří parůžky ozdobené hlavy srnců. Zde jeden, dále druhý a tam v pozadí ještě další. Jak to vypadá pánové, v případě zájmu o některou srnčí dámu jste tu přespočetní. Důkladnějším pozorováním zjišťuji, že se jedná o bujaré mládence nižších ročníků. Lovecky nic zvláštního, ale společně nám bude čas lépe ubíhat. V duchu je varuji: „Dobrý pozor si dejte na starého pána, vládce tohoto jeho revíru". Ten se ukáže na volném prostranství až s příchodem soumraku. Vyvolenou srnu prohání loukou, potom zpět do porostu, odkud je slyšet supění, praskání slabých větví, občasné zakvílení honěné srny, což prozrazuje pokračování jejich svatebního reje. Čím častěji zde sedím, tím více se mi ten čertovský srnec zdá být přeludem.

Aby lovecká situace byla ještě napjatější, sužuje mne úzkostlivá otázka: „Počkají sedláci alespoň několik dnů se senosečí? Neustávající dešťové počasí v červnu přineslo kýžené zpoždění. Tráva je sice přerostlá, bez šťáv a síly. Konečně přicházejí horké letní dny, vzduch se třepotá slunečním žárem a během několika dnů se sváží sice suché, ale stéblovité seno. Toto je však pořád ještě lepší, než dříve do řad posekané a zkažené, jak se za mnohých let přihodilo.

Večer co večer, vysedávaje na železném žebříku, vkládaje naděje na mladý jetel, dospěl jsem k názoru, že zamilovanému srnci nezáleží na paši, natož na mladém jeteli. V tomto přesvědčení zvolil jsem pro další čekanou jiné místo. O něco dále v údolí, na pokraji houštiny, je postaven do koruny javoru vysoký žebřík. I přes moji obavu ze zestárlých, rozviklaných žebříků, zvětralých příček, zvažuji výstup a konečně sedím poměrně pohodlně v hustém listoví. Prosvětlené otvory umožňují mi výhled do všech stran.

Neustále vnímám kouzlo těchto chvil: jen tak sedět, naslouchat a hledět, dávat pozor i na to nejnepatrnější. Poslouchej cvrčky jak hrají! Tiché tóny léta. Můry tančí svůj večerní tanec. Slunce se zvolna ukládá za horizont, čerstvý vánek mi ovívá obličej. Tyto příjemné chvíle podvečerního ticha kazí dotěrní komá-

Ende hat. Auf leisen Sohlen schleiche ich davon. In meinem Kopf aber bewege ich den Gedanken: „Was war das für ein Bock? Ist es der Starke, der Kapitale, der meine Jagdlust anzuheizen vermag?"

Abend für Abend sitze ich im Wiesenwinkel und harre des Augenblicks, da er sich mir zeigt, er, der heimliche Unbekannte.

Mit jedem Tag, mit dem die Blattzeit ihrem Höhepunkt entgegenstrebt, bietet sich mir mehr Anblick von meiner luftigen Warte. Dieses Fleckchen ist ja auch das reinste Rehparadies. Im hohen Gras finden sie behagliche Deckung und beschauliche Ruhe, und gleich nebenan wächst ihnen der Klee förmlich in den Äser.

Plötzlich tauchen sie auf, die Rehhäupter, hier eins, da eins und dort noch eins. Wie es scheint, sind die Herren, die gar zu gern um die Gunst einer Rehdame werben möchten, arg in der Überzahl. Aber nur blutjunge Pennäler sind's, allenfalls ein paar jüngere Semester. Nichts Aufregendes also, aber gut zum Zeitvertreib. Ihr alle aber hütet euch vor dem alten Herrn und Gebieter! Dieser indes erscheint stets erst im schwindenden Licht auf dem Plan. Hin und her prescht er das Reh, durch die Wiese, zurück ins Holz, wo beide dann eine Weile knisternd und knackend, fiepend und keuchend ihr Wesen treiben. So oft ich nun hier schon sitze, erscheint mir dieser Teufelsbock doch nur als ein Spuk.

Nun, da es spannend zu werden verspricht, bewegt mich mehr und mehr die bange Frage: „Werden die Bauern mit der Grasmahd noch ein paar Tage Aufschub gewähren?" Anhaltend regnerische Witterung im Juli brachte die Verzögerung. Das Gras ist ohnehin überständig, ohne Saft und Kraft. Doch nun steigen Tage herauf, da die Luft flirrt und flimmert von des Hochsommers Sonnenglut, und in zwei, drei Tagen gedörrtes, hartstengliges Heu ist immer noch besser, als wenn es frühgemäht im Schwad verdirbt, wie es in manchen Jahren schon geschah.

Ich hatte meine Hoffnung auf den Klee gesetzt, Abend für Abend auf der Eisenleiter ausgeharrt, bis ich schließlich zu der Einsicht gelange: Einem verliebten Bock steht der Sinn nicht nach Äsung, nicht einmal nach jungem Klee. Darum wähle ich für den nächsten Ansitz einen anderen Ort.

Etwas weiter talwärts, am Dickichtrand, strebt eine Leiter hoch in die Krone eines Ahornbaumes. Trotz meiner Scheu vor altersschwachen, wackligen Ansitzleitern, verwitterten Leitersprossen, wage ich den Aufstieg, zwänge mich oben hindurch und sitze endlich einigermaßen bequem inmitten eines dichten

Blätterwalls. Ausgelichtete Gucklöcher bieten dennoch Sicht nach allen Seiten.

Immer wieder aufs neue genieße ich den Zauber dieser Stunden: dasitzen, lauschen und schauen, achten selbst auf das Kleinste, Unscheinbarste. Hör doch, wie die Grillen zirpen! Musik des Sommers in leisen Tönen. Distelfalter tanzen dazu einen Reigen. Surrr! Da kommt etwas angeschwebt, landet vor mir auf dem Brüstungsholm, ruht ein wenig, krabbelt dann geschäftig hin und her. Dieser kleine Kerl ist ein Fichtenbock. Welch lange, feingliedrige Fühler er hat, die immer in Bewegung sind und seine kleine Welt ertasten. Ich versuche ihn auf meine Hand zu setzen, da öffnet er die Flügel und surrt davon. Wohin geht die Reise, kleiner Käfer?

Gleißend versinkt die Sonne im Westen hinter dem Horizont. Die frische Brise, die mir ins Gesicht weht, tut mir wohl. Aber nun haben auch die Mücken, Gnitten und Bremsen, die lästigen Plagegeister, ihren Auftritt.

Da ist wieder der mir längst bekannte junge Spießer, ein gut veranlagter Jährling mit schon beachtlich hohen, kräftigen Stangen. Unruhig zieht er umher. Schießt auch ihm die Liebe schon ins Blut? Dann bleibt die Bühne wieder leer, nichts regt sich, nur der Wind harft leise in den Gräsern, säuselt in den Blättern. Mir fallen förmlich die Augen zu ...

Bewegte sich nicht da etwas, drüben am Waldrand, bei den hohen Disteln? Ich reiße das Glas an die Augen. Zwei große spielende Lauscher habe ich im Blick. Doch wo die Ricke ist, da ist der Bock nicht weit! Und schon steht er da, wie vom Himmel gefallen. Nach kurzem Sichern geht es rund im Kreise, zwischen violett leuchtenden Distelstauden bald auftauchend, bald wieder verschwindend. Mein Herz schlägt schneller. Auch nach dem ersten flüchtigen Blick bin ich mir sicher: Es ist der Heimliche, Langersehnte. Sein ergrautes Haupt ziert eine starke, knuffige, hoch über die Lauscher ragende Krone. Für ein genaues Ansprechen ist alles zu weit, zu flüchtig.

Im leichten Troll bewegen sich die beiden roten Körper immer noch im Kreise, bilden einen „Hexenring", und des Bockes Keuchen dringt vernehmlich bis hier herüber. Da ist nicht mehr das ungestüme, wilde Hetzen und Jagen, das ängstliche Flüchten vergangener Tage. Immer langsamer wird die Ricke, ganz langsam, der Bock dicht auf, blind und taub, voll heißer Begier.

Nicht länger als fünf Minuten währte alles in allem, dann sind beide wieder für den Rest des Abends im schützenden Stangenholz verschwunden. Nun erst

ři a tiplice. Tu se objevuje mně již déle známý mladý špičák, dobře založený roční srnec s pozoruhodně vyvinutými silnými lodyhami. Přechází kolem mne bez povšimnutí a jeho neklidné chování svědčí o touze zasáhnout do říje. Odchází a přírodní jeviště je opět prázdné. Vítr povívá tiše travinami a ševelí listovým v korunách stromů - mně se pomalu přivírají oči .....

Náhle bystřím zrak k protilehlému okraji lesa ke skupině vysokých bodláků. Něco se tam hnulo.
Nasazuji rychle dalekohled a vida, mezi slechy prázdno - je to srna. Kde je srna nebude daleko ani srnec. Nebyl. Objevil se jako by ze země vyrostl. Po krátkém jištění ujímá se srny a v divokých kruzích mizí v hustém, vysokém, modře kvetoucím bodláčí, aby na druhém okraji křovisek pokračovali v říjném opojení. Již při jeho zběžném spatření jsem nabyl jistoty, že je to onen dlouho vyhlížený „tajemný". Jeho šedivou hlavu zdobí silné, rozložité, přes slechy vysoko přečnívající paroží. Pro vzdálenost a stálý pohyb nelze ho přesně přečíst. Obě červené postavy se pohybují lehkým během stále v kruzích a supění srnce je slyšet až ke mně. Není to však již to bouřlivé, divoké dráždění a honění jako v předešlých dnech bláznivého ubíhání. Klidnější a pomalejší je srna, srnec v těsném sledu při ní, slepý a hluchý, plný žhavé vášně. To vše netrvalo však více než pět minut a zamilovaný pár po zbytek večera zmizel v lesním porostu. Teprve nyní vzplála ve mně lovecká vášeň a nedám si pokoje, dokud tomuto lesnímu bohatýru nedám poslední hryz a můj klobouk neozdobí zelený úlomek.

Hospodáři by potřebovali nyní vydatnou pomoc, aby využili toto nádherné počasí pro senoseč. I zde bude s ní započato. Zatím však je klid a já mohu nerušeně čekat.

Následujícího dne kráčím, lesáckou čepici nazad posazenou, úzkým pruhem louky k mému posedu. Budu dnes mít lovecké štěstí? Povede se to? Než se odhodlám k výstupu, trochu odpočívám a přehlížím to krásné letní panorama. Však nastojte - co je to? Necelých sto kroků přede mnou pohybujícím se travním porostem táhne kus srnčího. S bohorodým klidem míří k houštině. Křečovitě sahám pro dalekohled. Ano, je to on! Stojím tu zmaten, jako začarován, s otevřenými ústy, neschopen rychlé reakce. Již vyšel z louky na volné prostranství před okrajem bukové houštiny, okamžik si mne prohlíží a potom hups a větve bukového mlází se za ním zavřely. „Mizera!", ulevuji si hlasitě. Co ho nutí, aby se za jasného dne tak náhle ukazoval? Snad aby mne dráždil a vysmíval se mi? Proč jsem nevyrazil z domu o deset minut dříve? Nakonec se utěšuji a říkám si: „Je to lov!" Po tomto překvapujícím setkání by bylo odvážné počítat se stávajícím počasím.

Nemohl jsem se dočkat příštího dne. Je již polovina srpna, říje se blíží k vrcholu, pokud se tak již nestalo. Hned zpočátku mého dnešního čekání naskýtá se mi pohled na milou idylku. Ve vzdálenosti co by kamenem dohodil, zcela důvěřivě chvílemi bere paši, chvílemi jistí, samotná srna. K mému sluchu dolehne náhle srnčí pískání, ale jinačí, než jakým říjná srna vábí srnce na její stopu. Již je vše jasné. K srně pádí dvě roztomilá srnčata. Očichávaní, olizování a milé laškování nebere konce. Velká radost ze shledání! Ještě hodnou chvíli pozoruji tuto srnčí rodinku. Dostaveníčko si zde dávají špičák a šesterák se slabými lodyhami. I když se k sobě více a více přibližují, chovají se navzájem nevšímavě. Přesto, že jeteliště je již spola kryto soumrakem, neztrácím oba z dohledu.
Tají se mi dech - na scéně se objevuje statný srnec s množstvím tmavohnědé hmoty mezi slechy. Poznávám ho. Je to můj „Mizera" - nádherný, tajemný! Není sám, vede si s sebou lesklou, světlohnědou, novou lásku - srnčí slečnu. Poněkud zaměstnáváni mladým jetelem táhnou bezstarostně necelých padesát kroků kolem železného žebříku, jako by neexistoval střelný prach a olovo. Náhle mají na spěch, a vidím je, jak oba mizí ve vzrostlém dosud neposekaném jetelovém porostu při úzké asfaltové silnici. Kdybych byl seděl tam a nikoli zde! „Ale počkej", říkám si, „zítra ráno potáhneš tvým ochozem zpět do lesa. To mi přijdeš pěkně do rány". Po třetí hodině vycházím z domova. V obci tlouklo čtvrtou, když jsem se uvelebil na

recht ist in mir die Jagdleidenschaft entfacht, und ich will nicht ruhn, bis ihn, den alten „Geheimrat", die Kugel auf den grünen Rasen streckt.

Die Bauern möchten jetzt viele Hände, viele Helfer haben, das prächtige Wetter für die Heuernte zu nutzen. Lange kann es nicht mehr währen, und es wird auch hier damit begonnen. Aber noch herrscht Ruhe, noch habe ich eine kleine Frist.

Am nächsten Tag schlendere ich wieder, die Forstmütze ins Genick geschoben, auf schmalem Wiesenpfad meinem Hochsitz zu. Wird es mir heute endlich gelingen? Bevor ich hinaufsteige, ruhe ich erst ein wenig, lasse den Blick über das schöne sommerliche Panorama schweifen. Halt! Was ist denn das? Keine hundert Schritte entfernt bewegen sich die Gräser, zieht ein Stück Rehwild, ein Bock, seelenruhig auf die Dickung zu. Hastig greife ich nach dem Glas: Er ist es! Ich stehe da, verblüfft, gebannt, mit offenem Mund, unfähig zu einer schnellen Reaktion. Da ist er auch schon aus der Wiese heraus, steht einen Augenblick frei und breit am Rande des Buchenhorsts, äugt mich an und wupp, schlagen die Äste hinter ihm zu. „Mistbock!" sage ich laut. Kenne sich doch einer mit den Böcken aus, den gewieften alten. Was treibt diesen Heimlichtuer, sich plötzlich am hellen Tage zu zeigen? Mich zu höhnen und zu foppen? Warum bin ich nicht wenigstens zehn Minuten früher von zu Hause aufgebrochen? Dann aber tröste ich mich und sage mir: „So ist die Jagd!"

Ich hätte an diesem Abend nicht mehr den geringsten Anblick gehabt, wäre zu guter Letzt nicht Grimbart noch erschienen. Er kam den Wiesenpfad dahergewackelt, hielt schnurstracks auf die Leiter zu, wo er dann, direkt unter mir, mit sichtlichem Interesse meine Witterung beschnüffelte. Sollte ich ihm einen Schabernack spielen und meine Mütze auf seine Schwarte fallen lassen? Plötzlich hielt er inne und machte ein paar seltsame Bewegungen mit dem Kopfe in die Luft, so, als wollte er sich den „Stänker" von Zweibeiner, der da oben hockt, doch einmal etwas genauer beäugen. Schließlich trollte er davon.

Auf den „Geheimrat" habe ich nach dem überraschenden Zusammentreffen zur Unzeit nicht mehr zu hoffen gewagt.

Ich kann es kaum bis zum nächsten Tag erwarten. Es ist schon Mitte August. Die Blattzeit müßte ihren Höhepunkt erreicht, wenn nicht schon überschritten haben. Gleich zu Beginn meiner heutigen „Sitzung" schaue ich ein liebliches Idyll. Keinen Steinwurf entfernt steht die Ricke, ganz vertraut, ein wenig äsend und ständig mit den großen Lauschern spielend. Leise Fieptöne dringen an mein Ohr, andere als jene, die den Bock auf ihre Fährte locken, und schon trotteln sie herbei, die beiden Kitze, irgendwoher. Sogleich beginnt ein Beschnuppern, Lecken, Beknappern und Liebkosen, das kein Ende nehmen will. Ein großes Fest der Wiedersehensfreude. Dann drängt sich eins der beiden Kitze an die Mutter. Nach einer Weile ein sanfter Ruck: Es ist genug! Noch lange schaue ich der Rehfamilie zu. Aber auch der Spießbock und der Sechser mit den dünnen Stangen geben sich ein Stelldichein. Obwohl sie einander immer näher rücken, beachten sie sich kaum. Der Kleeschlag weiter draußen liegt schon halb im Dämmer, doch auch mit bloßem Auge entgehen mir die beiden roten Körper nicht. Ist das denn möglich! Ein starker Bock mit viel schwarzer Masse zwischen den Lauschern – der „Geheimrat", zusammen mit seiner neuen Liebsten, einem gar zierlichen, fahlbraunen Rehjungfräulein. Ein wenig naschend vom jungen Klee ziehen sie keine fünfzig Schritte entfernt so unbekümmert an der Eisenleiter vorüber, als gäbe es weder Pulver noch Blei. Dann haben sie es eilig; weit draußen, an der schmalen Asphaltstraße, sehe ich beide in einem überständigen Kleegrasstreifen gerade noch verschwinden. Hätt' ich heute da drüben gesessen und nicht hier! Aber warte, morgen früh ziehst du nach alter Gewohnheit wieder zurück ins Holz. Da läufst du mir geradezu vors Rohr.

Nach drei Uhr schleiche ich mich aus dem Haus.

Eben habe ich mich oben auf dem breiten Sitz bequem eingerichtet, schlägt es im Dorfe Vier. Der Morgen ist kühl, voller frischer Düfte. Die Luft weht von Osten, von der Flur herein. Bei Ostluft bleibt das Wetter weiter schön. Langsam lichten sich die Schleier der Nacht, der Morgen graut. Aber im Tal brauen noch die Nebel, die Wiese bleibt verhüllt. Auch über dem Kleeschlag schweben dünne Nebelschleier, doch in der Nähe glänzen Halm und Blatt, vom Tau benetzt. Ein erstes Vogellied, verhaltener schon, nicht mehr so jubilierend wie im Mai.

Fünf Uhr. Mein Blick geht unverwandt nach draußen, und allerlei Phantasien entstehen vor meinen Augen: Da unten liegt er mausetot im taufrischen Klee, und ich weiß auch schon den Ehrenplatz an der Wand für die Trophäe. – Diese aber trägt der Bock vorläufig noch auf dem Haupt.

In den Wiesen tauchen sie nun wieder auf: ein, zwei, drei, vier Stück Rehwild, alles junge Böcke, sattsam bekannt, aber kein einziges Reh. Es scheint ein letztes großes Stelldichein zu sein, bevor alles

posedu. Foukal východní vítr od polí. Při tomto větru vydrží pěkné počasí. Ráno je chladné, plné půvabu. Závoj noci pomalu bledne, nastává ráno. V údolí vládne dosud mlha, i louky jsou jí dosud zahaleny. Také jetelištěm táhnou řídké závoje mlhy, v blízkosti jsou však již k rozeznání lesklá, rosou smáčená stébla i listy. Ozvala se ranní ptačí píseň, zdrženlivá, nikoli jásavá jako v květnu.

Je pět hodin. Rozhlížím se upřeně kolem a v mé fantasii vidím ho ležet zhaslého na orosené jeteli a již vyhlížím v duchu čestné místo pro trofej na stěně mého pokoje. Bohužel, tu nosí srnec ještě na hlavě. Prozatím!

Na loukách se vynořují jeden, dva, tři, čtyři kusy srnčí zvěře, všechno srnci, vesměs známí, ale žádná srna. Než se to všechno rozběhne, vypadá to, že zde měli dostaveníčko. Všechno zmizí v jejich tajných úkrytech. Kde však zůstal náš „očekávaný"? Na úzké silnici mezi poli rachotí časný osamělý motorkář. O několik minut později objeví se na jelišti kus srnčího. Je to mladý špičák či vidlák. Jeho půvabná postava je na pokoseném poli dobře patrná. Jistí a jistí stále jedním směrem. Krátké pokročení vpřed a opět jistí s napjatým krkem. V náhlém úleku prudce odbíhá. V následujícím okamžiku zjišťuji příčinu. Vynořují se dvě srnčí hlavy: náš starý známý se srnkou, novou milenkou. Pro noční rej je to zde na volném prostranství příhodné místečko, ale ani nejhloupějšímu srnci by nenapadlo strávit den zde při rušné silnici v skromném krytu trav a jetele. Bez ohledu na to začal nyní kruhový svatební tanec. Avšak žádné bouřlivé dráždění a honění, spíše půvabná milostná hra. I přesto, že slunce bylo již vysoko nad obzorem, jejich svatební dovádění neustávalo. A přeci, najednou zmizeli, jako by se do země propadli. Moje šance tím zmizela. Vzdávat se? Ne! Dnes večer chci znovu čekat.

Jsem opět u starého, dobrého, železného žebříku. Spěšně vylézám nahoru, neboť chvíle rozhoduje mnohdy o loveckém úspěchu.

Usadím se, poslouchám, co se to zase děje. Od obce je slyšet hluk motorů a rachot strojů. To mi ještě tak chybělo! Skutečně, pojízdná řezačka hltá polozvadlý jetel a rozřezaný fouká do přívěsu. Kruh za kruhem objíždějí stroje obrovský lán podle řad pokoseného jetele. Rachot strojů je chvílemi vydatný, chvílemi slábne, když stroje zmizí za kopcem svažujícího se pole. Staré pravidlo a zkušenost mi říkají, že čekat zde je zbytečné. Přesto zůstávám. Proč? Snad v naději, že tento rámus nebude trvat dlouho a všechno se zase uklidní. Stroje zajíždějí za kopec, jejich rachot slábne a já, hledě na pole, nevěřím svým očím. Kus srnčího uhání přímo proti kraji lesa. Jak se blíží, pouhým okem vidím to bohaté rozložité paroží. Vzdávám dík traktoristům. Nyní pozor, zachovej klid, ať neuděláš chybu! Srnec již dobíhá na louku proti posedu. Dvoje kratičké písknutí - zastavil se. Avšak než mířidla spočinula na komoře statného srnce - třeskne rána. Už je tomu tak. Rozechvěný ukazováček dotkl se nataženého napínáčku o moment dříve. Srnec zběsile odbíhá, v bezovém houští a v lesním porostu zachraňuje svoji kůži.

Tím končí vyprávění o starém srnci, který byl chytřejší než já a nenechal se přelstít.

Následující den začala senoseč. Louky ožily pracovníky - posed osaměl. Říje skončila.

wieder zur Ruhe kommt, zurücksinkt in die Heimlichkeit. Wo aber bleibt der „Geheimrat"? Da rattert schon ein früher, einsamer Motorradfahrer auf dem schmalen Asphaltband durch die Felder dahin. Minuten später endlich ein Stück Rehwild auf dem Klee. Ein junger Spießer oder Gabler; sein zierlicher Körper ist gut auszumachen auf dem abgemähten Streifen, wo das Futter noch im Schwad liegt. Er sichert und sichert immer in eine Richtung. Im Stechschritt ein Stück voran, dann wieder Sichern mit langem Hals. Plötzlich fährt ihm der Schreck in die Glieder, und er prescht ungestüm davon. Schon im nächsten Augenblick habe ich die Ursache ergründet. Zwei Rehhäupter tauchen auf: der „Geheimrat" mit seiner Buhlerin, dem Schmalreh. In mir keimt neue Hoffnung. Wohl für die Nacht ein behagliches Plätzchen da draußen, aber nicht dem dümmsten Bock fiele ein, dort, an der unruhigen Straße, in der spärlichen Deckung aus Gras und Klee, den Tag zu verdösen. Ungeachtet dessen beginnt der Liebesreigen. Kein stürmisches Hetzen und Jagen, eher ein zärtliches Spiel.

Längst ist die Sonne über dem Steinberg emporgestiegen, trotzdem hat das Hochzeitfeiern noch kein Ende. Doch dann sind sie plötzlich verschwunden, als habe sie der Erdboden verschluckt. Damit ist auch diese Chance dahin. Aber aufgeben? Nein! Heute abend will ich erneut auf den „Geheimrat" passen.

Da bin ich wieder, gute alte Eisenleiter. Also hinauf voll gespannter Erwartung. Manchmal spielt einem in letzter Minute der Zufall das Jagdglück zu. Aber was ist denn das? Vom Dorf her nähert sich Motoren- und Maschinenlärm. Das hat mir gerade noch gefehlt! Tatsächlich, ein Futterhäcksler bläst halbwelkes Kleegras auf Traktorenanhänger. Runde für Runde ziehen die Maschinen ihre Bahn, bald verebbt, bald schwillt es an, das Rattern, Kreischen, Quietschen, Dröhnen. Nach allen Regeln der Vernunft und weidmännischer Erfahrung ist alles Warten hier umsonst. Warum also bleibe ich? Ist es die Hoffnung, daß das Spektakel nicht allzulange währt? Ich weiß es selber nicht. Wieder hat sich der Lärm jenseits des Bergrückens weit entfernt, da traue ich meinen Augen nicht. Ein Stück Rehwild flüchtet über den Berg direkt auf die Waldkante zu. Selbst mit bloßem Auge kann ich im Näherkommen das weitausgelegte, starke Gehörn erkennen. Den Traktoristen sei Dank! Jetzt aufgepaßt, ruhig bleiben, keinen Fehler machen! In Sekundenschnelle treibt alles zu auf den entscheidenden Moment. Das Zielfernrohr ist mir jetzt hinderlich, aber schon hat der

Bock die Wiese erreicht, zieht weiter eilig, doch nicht mehr flüchtig, auf den Hochsitz zu. Zwei kurze Pfiffe, und er verhofft. Noch ehe der Zielstachel auf dem Stich die Mitte markiert, fährt der Schuß hinaus. Zu früh hat der Zeigefinger den gestochenen Abzug berührt. Der Bock geht flüchtig ab; in die dichten Hirschholunderbüsche im lückigen Stangenholz rettet er seine Haut.

Damit hatte sie ihr Ende gefunden, die Geschichte von dem alten „Geheimrat", der schlauer war als ich und sich nicht überlisten ließ. Am nächsten Tag begann die Grasmahd in den Wiesen, die Blattzeit war vorüber.

Bonzo

Bonzo war unser Rauhhaardackel, ein saufarbener, kräftiger Rüde mit guten, klugen Augen in einem wilden Schnauzergesicht. Blaues Blut floß nicht in seinen Adern, denn er hatte keinen Stammbaum, der zu einem adligen Namen wie „Bonzo von der Hundeluft" berechtigt hätte. Dennoch besaß er auch ohne diesen die Merkmale edler Rasse und alle Attribute der Schönheit, zudem den Vorteil, daß der Preis für ihn erschwinglich war.

Auf dem Hof des Forsthauses angekommen und kaum der Rucksackhülle entschlüpft, gab er schon eine Probe seines Temperaments. Wie ein schwarzer Teufel fuhr er zwischen das friedlich auf dem Hof versammelte Federvieh, das in alle vier Winde auseinanderstob. Der erste Eindruck ist der beste, sagte ich mir und sah schmunzelnd über diese Rüpelei hinweg.

Bonzo lebte, wie seine Vorgänger auch, als Hausgenosse mit uns zusammen. In die Küche kam eine geräumige Kiste, schön weich gepolstert, mit der Aufschrift „Bonzo's Ruh". Ernährt wurde er mit von unserem Tisch. Manchmal fraß er auch Gras. Sein Nahrungsbedürfnis war großen Schwankungen unterworfen. Einmal fraß er sich den Bauch prall voll, um ein andermal die besten Leckerbissen zu verschmähen. Sein Leben wurde beherrscht von einer grenzenlosen Jagdpassion, die ihm angeboren war. Damit befand er sich bei mir in besten Händen und Verhältnissen. Bonzo begleitete mich bei meinem täglichen Gang ins Revier. Er interessierte sich für alles, steckte überall seine Nase hinein, hing förmlich an jeder frischen Wildfährte, die seine verschlungenen Wege kreuzte. Es war die lieblichste Musik in meinen Ohren, als Bonzo zum ersten Mal mit lautem „Jiff – jiff" einen Hasen hetzte. Ohne Anlage zum Spurlaut auf warmer Fährte ist ein Jagdhund sowie-

Bonzo

Bonzo byl náš hrubosrstý jezevčík, světlehnědý silný lovecký pes, s dobrýma, chytrýma očima. V jeho žilách neproudila modrá krev, ani neměl rodokmen, takže zkrátka nebyl „von".

Přesto, že jeho znaky a vzezření nasvědčovaly čistotě rasy, bylo to důvodem, proč jeho cena byla dosažitelná.

Při příchodu na dvůr lesovny, jakmile byl vypuštěn z batohu, předvedl svůj temperament. Jako ďábel vyrazil mezi pokojně se procházející drůbež, která se ze dvora rozlétla do všech stran. První dojem jsi neudělal špatný, říkal jsem si a usmíval se nad tou jeho rošťárnou.

Bonzo žil - jako jeho předchůdce - s námi společně jako člen rodiny. Do kuchyně byla umístěna prostorná, měkce vystlaná bedýnka s nápisem „Bonzo". Živil se s námi od stolu. Někdy žral trávu. Jeho nároky na stravu byly rozdílné. Jednou se nažral k prasknutí, jindy odmítal nejlepší pamlsky. Jeho život ovládala vrozená lovecká vášeň. V tom směru byl u mne v nejlepších rukou a poměrech. Bonzo mne doprovázel denně při mých pochůzkách revírem. Zajímal se o všechno, všude strkal nos, visel houževnatě na stopě zvěře, která křížila jeho spletité cesty. Byl jsem mile překvapen, když s hlasitým štěkotem prohnal zajíce.

Cvičení nebo dokonce dril nepřicházel v úvahu. Učil se všemu, na co přišel, hravě a samozřejmě. Mluvil jsem k němu jako k člověku a vedl jsem ho měkkou rukou. Pronásledoval-li hlasitě zvěř a jeho štěkání zaniklo v dáli, bez obav jsem pokračoval v cestě. Bonzo našel vždy svoji zpáteční stopu, přešel na moji a náhle radostně běžel se mnou. „Hezky jsi kočičku prohnal", chválím ho a jemně škrábu a hladím na krku. „Kočička" bylo zjednodušení hovorové řeči s mým malým přítelem a kamarádem. Souhrnný výraz pro veškerá zvířata v lese i na poli. Tímto výrazem povzbudí se zájem a lovecká radost.

Nechá-li se velká jelení zvěř přimět k útěku malým, štěkajícím trpaslíkem, je to „kočička". Něco jiného je kočka. Překvapená útokem jezevčíka zaujme rychle obrannou pozici, prskáním a syčením a údery pacek s vystrčenými drápy snaží se získat náležitý respekt. Bezmocnost jezevčíka dostat se jí na kůži, zvyšuje jeho zuřivost. Jeho běsnění a hlasité štěkání trvalo by hodiny. Na ústup není vůbec pomyšlení. Když se mi podaří, znechucen rámusem, zapnout ho na vodítko, s jistou námahou odtrhávám ho zuřícího od bránící se kočky.

Jednou se mi stalo, že jsem přišel k sousedovi. Sotva otevřu dveře a zdravím „dobrý den", je ve světnici boží dopuštění. Jedovatý štěkot a prskání, syčení koček, ženský nářek, rachot padajících květináčů. Tři kočky najednou - to už bylo přespříliš! Jen rychlé a pevné uchopení hrubé srsti v zátylku zabránilo další mrzutosti. Velice se omlouvám a hned nabízím náhradu škody. Selka byla dobrosrdečná, tolerantní paní a prominula nám tento nepříjemný případ. Mně se však tímto dostalo poučení. Když jsem kdykoliv vstupoval do domu, byl Bonzo hezky přivázán venku, aby neměl pokušení proháňet „domácí" kočky.

Jeden se v životě nikdy nepoučí. Této zkušenosti nezůstal ušetřen ani náš vášnivý jezevčík. Jednoho dne vyšťoural živočicha, který neměl předek ani zadek, ale byl obalen ostrými jehlicemi. Nic netuše vrhl se na toto zvíře, ale se žalostným vytím a naříkáním uskočil zpět a obíhal ježka se strašlivým štěkotem. Ten však ležel nehnutě, zřejmě ho jezevčíkovo počínání nevzrušovalo. Přiblížil-li se pes blíže, svinul se více a naježil bodliny. Náhle celý rámus ustal. Bonzo škrábe a hrabe, jak to psi dělávají, tak, že tráva a hlína lítají kolem. Napadlo ho, že se zde nedá nic dělat? Nikoliv. Vrčíc a kňučíc pokouší se neohrabanými tlapkami tu pichlavou kouli převrátit na hřbet. Někde musí to slabé místo k uchopení být!? Nedaří se. Ty protivné bodliny píchají do tlapek a ježek zůstává nepohnut na místě. Pes je již zuřivostí bez sebe. Bez ohledu na píchající bodliny vrhá se na ježka, s hlavou nachýlenou na bok uchopí do mordy tu pichlavou kouli, několikrát s ní zatřepe sem a tam, pouští ji na zem, a znovu se vrhá do dalšího útoku. Konečně ukončuji tento beznadějný boj, beru psa do náruče,

so keinen Schuß Pulver wert.

Ein Abrichten oder gar ein Drill kamen mir nicht in den Sinn. Er lernte alles, worauf es ankam, spielend nebenbei. Ich sprach zu ihm wie zu einem Menschen und lenkte ihn mit sanfter Hand. Hatte er lauthals ein Stück Wild auf die Läufe gebracht und verlor sich sein Bellen in der Ferne, setzte ich dennoch unbekümmert meinen Weg fort. Bonzo fand stets auf eigener Spur zurück, heftete sich an meine Fersen und war plötzlich wieder hechelnd neben mir. „Fein hast du die 'Mieze' fortgeschafft!", lobte ich ihn und strich ihm über das Fell.

„Mieze" war in Vereinfachung der Umgangssprache mit meinem kleinen Freund und Gefährten der Sammelbegriff für alles Getier in Wald und Feld, das sein Interesse, seine Jagdlust, erregte. Ließ sich selbst das große, starke Rotwild von dem kläffenden Zwerg in die Flucht schlagen, war die echte „Mieze", die Katze, von ganz anderer Art. Von dem ungestümen Angriff des Teckels überrascht, setzte sie sich zur Wehr, verteidigte sich zischend und fauchend mit krallenbewehrten Tatzenhieben und verschaffte sich damit gebührenden Respekt. Aber gerade die Ohnmacht, ihr nicht beizukommen, trieb ihn förmlich zur Raserei. Auch des Teckels noch so schneidige Versuche, ihr wenigstens einmal ins Hinterteil zu schnappen, wußte die Katze mit blitzschnellen Wendungen zu parieren. So tobte er um sie herum mit heiserem Gebell, und mochte es auch über Stunden gehen: an einen Rückzug war nicht zu denken. Wenn ich ihn dann endlich, überdrüssig des Radaus, an die Leine nahm, hatte ich Mühe, ihn, immer noch nach der Katze gierend, hinter mir herzuzerren.

Einmal führte mich mein Weg in ein Bauernhaus. Kaum hatte ich die Tür geöffnet, geschweige denn „Guten Tag" gesagt, war in der Stube schon der Teufel los. Giftendes Hundegebell, Katzenfauchen, Weiberkreischen, Bersten herabstürzender Blumentöpfe. Drei Katzen auf einmal, das war zuviel! Nur ein rascher, derber Griff in den Nacken des Rauhhaar verhütete Ärgeres. Ich entschuldigte mich ein- um das anderemal, erklärte meine Bereitschaft zum Schadenersatz. Die Bäuerin war eine großherzige, tolerante Frau und verzieh uns beiden den peinlichen Zwischenfall. Ich aber wurde aus Schaden klug. Bonzo blieb hinfort draußen angebunden, wenn ich in Häuser ging, die „Minkas" Anwesenheit vermuten ließen.

Man lernt im Leben nie aus. Diese Erfahrung bleibt auch einem passionierten Teckel nicht erspart. Er stöberte eines Tages ein Lebewesen auf, an dem es kein Vorn und kein Hinten gab, das aber gespickt war mit nadelspitzen Stacheln. Nichtsahnend schoß er auf das Untier zu, flog jaulend und winselnd zurück, umkreiste es mit infernalischem Gebell. Der Igel aber lag unbeweglich, scheinbar ungerührt von des Teckels wütenden Attacken. Kam ihm die Hundeschnauze zu nah, zuckte er zusammen, sträubte die Stacheln und hielt auf respektgebietende Distanz. Auf einmal verstummte der Radau. Bonzo kratzte und scharrte auf Hundeart, daß Gras und Dreck durch die Gegend wirbelten. Ließ er ab in der Einsicht, daß hier nichts zu machen sei? Mitnichten. Knurrend und winselnd versuchte er, mit den tapsigen Pfoten die stachlige Kugel auf den Rücken zu rollen. Irgendwo mußte es bei ihr doch eine schwache, verwundbare Stelle geben. Doch die verfluchten Stacheln drangen auch in die Pfoten. Der Igel blieb unbeweglich an seinem Ort, der Hund aber geriet außer sich. Er ging jetzt aufs Ganze, biß mit schiefgehaltenem Kopf in den Stachelpanzer, daß es knirschte, schüttelte den Igel ein paarmal hin und her, ließ ihn fallen, stand wie verdattert da und ging erneut auf ihn los. Schließlich setzte ich dem aussichtslosen Kampf ein Ende, nahm den Hund auf den Arm, besah mir sein Gesicht, streichelte ihn und trug ihn fort.

Nach Jahren der Jagdruhe in der Nachkriegszeit zwangen die hohen Wildbestände, die erhebliche Schäden auf den Fluren und im Wald verursachten, dazu, den Jagdbetrieb bald wieder aufzunehmen. Freilich zunächst als ein Provisorium, ohne gesetzliche Regelungen, mit unzulänglichen Waffen in Händen von Jägern, die sich das Rüstzeug für die Jagdausübung erst noch zu erwerben hatten. Ein mancher verstand unter Jagd ein amüsantes Hobby, einen Sport oder ein Gaudium. Doch das Strohfeuer jener „Möchtegern-Jäger" wich bald der nüchternen Erkenntnis, daß Weidwerk nichts von allem, vielmehr ein rauhes Handwerk ist, das einen ganzen Mann, Passion und vollen Einsatz fordert. Jäger kann man eigentlich gar nicht werden — Jäger muß man sein! So schied sich beizeiten die Spreu vom Weizen. Manch zukunftsfreudiger junger Hirsch oder Bock wurde aus Unkenntnis umgelegt, manches Stück Wild ging krank mit schlechtem Schuß davon. Wie unentbehrlich erwies sich gerade da ein guter Hund. Bonzo war ein so vorzüglicher Jagdgebrauchshund, wie ihn einem Glück oder Zufall nur selten in die Hände spielten. Nicht nur, daß er bei Treibjagden auch das letzte Stück Wild aufstöberte und lauthals aus der Dichtung trieb; er wußte auch auf der schwie-

prohlížím jeho obličej, hladím ho a odnáším pryč.

Po létech loveckého klidu v poválečném čase nutily vysoké stavy zvěře, způsobující neúnosné škody na polích i v lesích, aby bylo co nejdříve opět započato s lovem. Samozřejmě nejprve provizorně - bez zákonných ustanovení, nevhodnými zbraněmi a myslivci kteří si potřebnou výzbroj k výkonu lovu teprve opatřovali. Mnohý považoval lov za zábavného koníčka, sport nebo povyražení. Avšak náhlé vzplanutí mnohého „rádoby myslivce" ustoupilo brzy střízlivému poznání, že myslivost není jen tak něco, spíše tvrdé řemeslo které vyžaduje celého muže, zálibu a především plné nasazení. Myslivcem se vlastně nikdo nemůže stát - myslivcem se musí narodit. Časem se oddělily plevy od zrna. Mnohý nadějný jelen nebo srnec je z neznalosti uloven, mnohý odchází zraněn špatnou ránou. Jak nepostradatelný je v takovém případě dobrý lovecký pes. Bonzo byl výborný lovecky použitelný pes. Je řídkým šťastným případem takového psa získat. Nejen, že při naháňkách vyhledal a vyhnal poslední kus z houštiny, ale i při nejtěžších dohledávkách poraněného kusu dokázal perfektně využít svůj kvalitní nos. Nasadil-li jsem ho k dosledu postřeleného kusu zvěře, byl pro něho vždy nejdůležitější nástřel. Ten ohledával vždy opatrně, svědomitě a pečlivě. Teprve když nabyl přesvědčení, že zvěř byla poraněna, vyrazil s nízkým nosem a vztyčenou oháňkou na stopu postřeleného kusu, překonávaje statečně nahodilé překážky.

Stalo-li se, že stopu ztratil, několikrát se vracel na ono místo, až se mu opět podařilo nalézt pravou stopu, kterou opět bezpečně a horlivě sledoval. Když jsme našli zhaslý kus, nesměl se nikdo kromě mne k němu přiblížit. Bonzo zaujal pozici naznačující jeho momentální svrchovanost. Vrčel, sekal zuby po každém, kdo se chtěl ke kusu přiblížit. Byla to „jeho" kořist. Já ho při tom vždy nechával. „Co byste, vy nešikové, byli beze mne", myslel si pravděpodobně. Svoje opovržení dával najevo jeho vžitým, obvyklým způsobem. Když jsme stáli v hloučku, zaměstnáni vzájemným povídáním, zvedl nenápadně zadní nožičku k některé z našich holinek.

Bonzo se stal brzy slavným, a když byla jeho pomoc při dosledu široko daleko využívána vždy s úspěchem, stal se mnohdy hvězdou naděje mnohému sklíčenému myslivci. Já, jeho „páníček", slunil jsem se částečně na jeho slávě, i když jsem pro ni téměř nic neudělal. Časem jsem poznal, že jsem při výchově Bonza trochu pochybil. Svoboda, kterou při našich společných pochůzkách revírem požíval, sváděla ho brzy k příležitostným akcím na vlastní pěst. Získal takovou znalost revíru, že i z nejvzdálenější části revíru přiběhl spolehlivě domů. Na jeho dobrodružných výletech nebylo nouze o setkání s lesními dělníky, kteří ho hýčkali různými pamlsky. Bonzo byl u všeho, co se lesa týkalo, vždy znám a oblíben. Zůstal-li někdy delší čas mimo domov, neměl jsem zvláštní starost. Znal jsem mého jezevčíka a jeho orientačním schopnostem jsem důvěřoval. Mnohdy se vrátil až k půlnoci. Seděl u dveří, kňučel a dožadoval se vpuštění, celý zmrzlý a třesoucí se. Nikdy jsem ho proto nevyplácel. Nebylo by to stejně nic platné. Jednou však, když nepřišel již tři dny domů, měla obavy celá rodina a poslední naděje se pomalu vytrácela. Jeho nepřítomnost jsem si nemohl jinak vysvětlit, než že se vrhl do boje s jezevcem a v jeho temném a hlubokém doupěti ho stihl smutný konec. Třetího dne jdu sám revírem, smutný - najednou nevěřím svým očím - vstříc se ke mě kolébavě blíží něco černého. Toto neočekávané setkání bylo pro nás oba skutečnou radostí. Ale jak vypadala jeho srst: slepená, blátem umazaná. Hladový a vyčerpaný, s vpadlými, třesoucími se boky, zhltnul chtivě moji svačinu. „Kde jsi se tak dlouho potloukal, Bonzo?" ptám se: „Kdybys mohl mluvit!". Když se doma nažral k prasknutí, upadl do dlouhého, hlubokého spánku, že ani to kouzelné slovo „kočička" s ním nehnulo.

S vyprávěním o jezevčíku Bonzovi pojí se vzpomínky na lesovnu, která nám po desetiletí sloužila, jako ubytování. V jejích místnostech převládalo všude fluidum bývalých panských časů, neboť dříve to byl

rigsten Wundfährte mit Perfektion seine Nase zu gebrauchen. Setzte ich ihn auf ein krankes Stück Wild zur Nachsuche an, war der Anschuß das Wichtigste für ihn. Bonzo untersuchte ihn bedächtig und gewissenhaft. Erst wenn sein untrüglicher Sinn die Bestätigung erbrachte, daß das Wild getroffen war, straffte sich der Riemen, und mit tiefer Nase und steiler Rute ging es in Schleifen, Haken und Widerhaken durch dick und dünn auf der Wundfährte voran. War er einmal von ihr abgekommen, revidierte er sorgfältig den Fehler, schlug zwei, dreimal einen Kreis und setzte schließlich zuverlässig die Suche auf der richtigen Fährte fort. Mochte sie auch über weite Strecken führen, Bonzo ließ nicht nach in seinem Eifer. Standen wir endlich an dem verendeten Wild, durfte außer mir keiner heran. Er hatte es in Besitz genommen, thronte zum Zeichen dessen obenauf, knurrte, fletschte mit den Zähnen und schnappte eifersüchtig nach jedem, der sich der Beute näherte. Es war seine Beute, und ich ließ ihn gewähren. Was wäret ihr Schlumpschützen doch ohne mich, mag er bei sich gedacht haben. Seine Verachtung jenen gegenüber bekundete er gelegentlich nach der Väter Weise. Standen sie zu einem Häuflein schwatzend beieinander, hob er unbemerkt ein Hinterbein gegen einen Stiefelschaft ...

Bonzo hatte bald Berühmtheit erlangt, und wenn man weit und breit seinen Helferdienst bei Nachsuchen in Anspruch nahm, erwies er sich als der Hoffnungsstern manch verzagten Jägerherzens. Ich, sein „Herrchen", sonnte mich ein wenig in seinem Ruhm, obwohl ich so gut wie nichts dazu getan hatte.

Mit der Zeit machte ich die Erfahrung, daß ich es mit Bonzos Erziehung zur Tugend doch ein wenig hatte schleifen lassen. Die Freiheit, die er bei unseren gemeinsamen Reviergängen genoß, verleitete ihn bald zu gelegentlichen Aktionen auf eigene Faust. Er hatte eine Revierkenntnis erworben, die ihn auch aus dem entferntesten Winkel des Revieres allein nach Haus zurückfinden ließ. Auf seinen abenteuerlichen Streifzügen kam es nicht selten vor, daß er bei Waldarbeitern und Holzrückern zu einer Stippvisite erschien, sich hätscheln ließ und manch guten Bissen zugesteckt bekam. Bonzo war bei allen, die etwas mit Forst und Jagd zu tun hatten, bekannt und beliebt. Blieb er auch einmal längere Zeit fort, sorgte ich mich nicht sonderlich um ihn. Ich kannte meinen Teckel und konnte seinem Orientierungssinn vertrauen. Manchmal kehrte er erst mitten in der Nacht zurück, saß heulend und winselnd vor der Tür und begehrte, oft zitternd und frierend, Einlaß. Nur, als er einmal drei Tage nicht nach Hause kam, wurde mir und der Familie bange, und das letzte bißchen Hoffnung schwand dahin. Ich konnte mir sein Fortbleiben nicht anders erklären, als daß er in der Nacht und Tiefe eines Dachsbaues im Kampf mit Grimbart sein Ende gefunden hatte. Am dritten Tag ging ich betrübten Sinnes allein ins Revier, lief an einem Feldgehölz entlang und – traute meinen Augen nicht. Etwas Schwarzes kam mir von fern entgegengewackelt. Das unverhoffte Wiedersehen wurde für beide zu einem wahren Freudenfest. Aber wie sah der Rauhhaar aus: struppig und dreckverschmiert, hungrig und erschöpft, daß die eingefallenen Flanken zitterten. Gierig fraß er mein Frühstücksbrot. „Wo hast du dich nur so lange herumgetrieben, Bonzo?" fragte ich ihn. „Ach, wenn du nur reden könntest!" Als er sich zu Hause sattgefressen hatte bis zum Platzen, verfiel er in einen langen, tiefen Schlaf, so daß selbst das Zauberwort „Mieze" keine Macht mehr über ihn hatte.

Mit der Geschichte um den Teckel Bonzo verbinden sich Erinnerungen an das Forsthaus, das uns, hoch über dem Tale, mit weitem Blick gegen Süden ins tschechoslowakische Nachbarland, ein Jahrzehnt als Behausung gedient hatte. Seinen Räumen haftete allenthalben noch das Fluidum vergangener hochherrschaftlicher Zeiten an, denn es war früher einmal ein Königlich-sächsisches Forstamt gewesen. Es wurde im Repräsentationsstil mit zwei Nebengebäuden in der Art eines Forstgehöftes erbaut. Als der König gegangen war, hieß es nur noch „Sächsisch", und nach dem letzten Krieg fiel auch das noch fort. Auf dem Forstamt „residierte" nun ein langgedienter, bewährter Waldarbeiter als kommissarischer Forstamtsleiter. Der Königlich-sächsische Forstmeister fuhr mit der Kutsche zur Inspizierung in den Wald. Der in der Hauptsache zum Kutschieren angestellte Mann, der getreue Albert, hatte seiner „Herrschaft" zu dienen, jahrein, jahraus, an jedem Tag, zu jeder Stunde, war „Mädchen für alles", ob grob die Arbeit oder fein. Zu seinen Pflichten gehörte bei festlichen Anlässen auch das Servieren zum Dinner. Später, als Automobile in Mode kamen, wurden die Pferde abgeschafft, dafür stänkerte hinfort ein „Daimler Benz" durch das damals schon mit einem Wegenetz bestens erschlossene Forstrevier. Es mag Albert, dem pferdeverständigen Mann, nicht leicht gefallen sein, sich statt des altgewohnten Kutschierens auf das zeitgemäßere Chauffieren umzustellen.

královský-saský lesní úřad. Všechno bylo vystavěno v reprezentačním stylu se dvěma vedlejšími budovami vystavenými na způsob lesních dvorců. Když pak nebylo krále, byl to již jen saský lesní úřad, a po poslední válce odpadlo i to. Na lesním úřadě nyní sídlí dlouhodobý, vážený lesní dělník, dosazený jako vedoucí lesního úřadu.

Královský-saský lesmistr jezdil do lesa na inspekci v kočáře. K řízení kočáru, důležité to věci, byl ustanoven věrný Albert, muž, který sloužil svému panstvu rok co rok, každý den, každou hodinu - byl „děvče pro všechno", ať se jednalo o těžkou či lehkou práci.

Později, když přišly do módy automobily, byli koně dáni pryč a místo nich se po cestách proháněl v revíru páchnoucí „Daimler Benz". Jak těžké muselo být pro Alberta rozumějícího koním přeškolit se ze starého zkušeného kočího na „šoféra" toho páchnoucího vozidla!

Přestoupil-li lesmistr před jeho lesníky a lesní dělníky, bylo samozřejmé, že ti museli stát v pozoru, neboť se rozumělo samo sebou, že stojí před lesmistrem, který sloužil jako důstojník u „Jeho majestátu". Přesvědčivým znamením měla být jizva v jeho obličeji.

Časy se změnily - a to radikálně. Dům s jelením parožím na vysokém, světlém štítě, byl vystavěn důkladně, neboť v něm měly žít v budoucnosti další generace. Okolnosti tomu chtěly, že tento objekt byl přidělen mně, mladému, chudému lesníkovi, jako nové bydliště. Vysoké, široké místnosti v silných zdech, celkem reprezentativně pojaté, neodpovídaly našim velmi skromným podmínkám. Ta trocha nábytku, který jsme měli, připadala v nich jako ztracená. Bývalá panská místnost, kde služební pán v gala-uniformě přijímal novoroční blahopřání svých podřízených - tato neútulná místnost stala se obyvatelnou teprve zmenšena vestavěním příčky a snížením mohutných kamen o jednu vrstvu kachlí. V této mojí pracovní místnosti stála nádherná plyšová pohovka s vysokým, pohyblivým opěradlem. Tu si přinesla moje paní do manželství mimo jiného nábytku. Pohovka měla však již zřetelné známky stáří. Hryzal v ní červotoč. Její přední nohy neunesly již zatížení a stále se nahýbaly směrem dovnitř. S tím jsem si věděl rady. Podložil jsem pohovku na obou stranách obyčejnými dřevěnými špalíky. Nikdo netušil, že tento starý kus nábytku stojí na protézách. Když přišla návštěva a uvelebila se na měkké pohovce, vyměňovali jsme si s manželkou starostlivé pohledy a stalo se nejednou, že špalíky se zvrtly a pohovka i s hostem přistála na podlaze. Naštěstí z toho bylo vždy veselí na obou stranách.

I přes materiální nedostatky byla to šťastná léta. Ve vedlejší budově, kde byly dříve služební místnosti, bydlel kolega Ritzler, zaměstnán jako lesní manipulant. Manipulací - vytřiďováním dřevní hmoty - se však nezabýval. Jeho činnost spočívala v přibližování, odvozu a odbytu dřeva, vytěženého ve více revírech lesní správy.

Kolega Ritzler byl podsadité, ne příliš zavalité postavy. Měl vždy trochu zanícená oční víčka a dělal dojem, že při chůzi jednu nohu popotahuje. Byl-li v „ráži", projevoval se u něho tento stav zvláštním pískáním. Jeho rezolutní, výřečná a hlasitá paní byla mu nápomocná radou i činem při všech služebních záležitostech. Ano, platila vlastně za úředně uznanou styčnou osobu ve všem. Když křičela hlasitě a rozzlobeně do telefonu, nezůstalo to na druhém konci bez účinku. Jinak i přes všechny nezvyklosti, byli to oba příjemní, snesitelní, k pomoci pohotoví domácí přátelé.

K rodině patřil také pes. Krátkosrstý jezevčík s poněkud více vyvinutými běhy. Slyšel na jméno Purzel. Jeho pán neměl nic společného s lovem, a proto z Purzla nemohl a ani neměl být řádný lovecký pes. Les viděl jen z povzdálí a všechen čas trávil v domácím pohodlí. I když nebyl „vysokoruzený", bylo to velmi přítulné a učenlivé zvíře. Na žebříku na seník předváděl své lezecké umění.

Kolega Ritzler svého psa miloval. Šel-li po dvoře, obskakujícího psa oslovoval: „Purzel, ty staré zvíře" i jinými „laskavými jmény", aniž si význam těchto slov uvědomoval.

Bonzo a Purzel byli pejskové, mezi nimiž nebylo zvlášť „zeleno". Mohl by se Bonzo při

Wenn der Forstmeister vor seine Förster und Waldarbeiter trat, hatten sie militärisch stramm zu stehen, denn es versteht sich von selbst, daß ein Forstmeister jener Ära als Offizier bei Seiner Majestät gedient hatte. Als Zeichen akademischen Korpsgeistes, der Zugehörigkeit zu „schlagenden Verbindungen", trug er Schmisse im Gesicht.

Die Zeiten änderten sich, sehr radikal sogar, das Haus mit dem Hirschgeweih im hohen, lichten Giebel aber war auf Dauer gegründet; es sollte auch künftige Geschlechter noch behausen. Inzwischen hatten die Umstände mich, den armen jungen Förster, zum neuen „Hausherrn" erkoren. Die hohen, weiten Räume in den starken Mauern, ganz auf Repräsentation bedacht, entsprachen nicht unseren bescheidenen, allzubescheidenen Verhältnissen. Die wenigen Möbel, die wir besaßen, nahmen sich wie verloren darinnen aus. Das ehemalige Herrenzimmer, wo einst der Diensther am Neujahrstag das glückwünschende Personal in Galauniform empfangen hatte — dieses große ungemütliche Zimmer wurde erst wohnlich, als wir es durch Einziehen einer Wand verkleinerten und den hohen, protzigen Kachelofen um einige Schichten kürzer machten.

In diesem meinem Arbeitszimmer stand ein wunderschönes Plüschsofa mit geschwungener hoher Lehne. Meine Frau brachte es neben anderem Mobilar mit in den Ehestand. Es hatte aber schon ein wenig die Gebrechen des Alters, sei es auch, weil der Holzwurm in ihm nagte. Die vorderen Beine vermochten die Last nicht mehr zu tragen und knickten immer mehr nach innen ein. Ich wußte mir zu helfen, stellte beiderseits ein rohes Holzklotz unter. Niemand vermutete, daß das alte Stück auf Prothesen stand. Kam Besuch und fläzte sich dieser auf das weiche Sofa hin, geschah es unter unseren ängstlichen Blicken nicht nur einmal, daß die Klötze kippten, das Sofa mitsamt dem Gast zusammenbrach und jener auf dem Fußboden landete. Zum Glück gab es Gelächter stets auf beiden Seiten.

Trotz des Mangels an materiellen Dingen waren es glückliche Jahre.

Im Nebengebäude, wo sich einst die Diensträume des Forstamtes befanden, wohnte Kollege Ritzler, seines Zeichens Platzmeister im forstlichen Dienst. Er hatte aber weder mit einem Holzplatz noch sonst mit einem Platz etwas zu tun. Ihm oblagen vielmehr Rückung, Abfuhr und Absatz des Holzes, das in mehreren Revieren der Oberförsterei zum Einschlag kam. Manipulation nannte man diese forstliche Tätigkeit, nicht ohne Hintersinn. Kollege Ritzler war von untersetzter, um nicht zu sagen rundlicher Statur, hatte immer etwas gerötete Augenränder, und es schien, als zöge er beim Laufen ein Bein ein wenig nach. Geriet er einmal in Rage, was allerdings selten geschah, machte sich dieser Gemütszustand durch einen eigentümlichen Pfeifton bei ihm Luft. Seine resolute, redegewandte und stimmgewaltige Frau stand ihm bei allen Dienstgeschäften mit Rat und Tat zur Seite. Ja, sie galt als die eigentliche amtlich anerkannte Kontaktperson nach innen und außen. Wenn sie laut und erbost ins Telefon hineinschrie, verfehlte das am anderen Ende seine Wirkung nicht. Ansonsten aber waren sie beide bei aller Gegensätzlichkeit angenehme, verträgliche und hilfsbereite Hausgenossen.

Zur Familie gehörte auch ein Hund, ein Kurzhaarteckel, mit etwas zu hoch geratenen Läufen. Er hörte auf den Namen Purzel. Sein Herr hielt nichts von Jagd, darum konnte und sollte auch nie ein Jagdhund aus ihm werden. Er sah den Wald nur von fern und vertrieb sich dafür die Zeit im häuslichen Milieu. Wenn auch nicht zu Höherem geboren, war es doch ein anhängliches und gelehriges Tier, das allerhand Kunststücke beherrschte. An der Leiter hinauf zum Heustadel bewies er seine Kletterkünste.

Kollege Ritzler liebte seinen Hund. Lief er über den Hof, und der Teckel umsprang seine Beine, sagte er zu ihm: „Purzel, altes Mistvieh!" oder „Purzel, dummes Luder!", um nur die Art der „Kosenamen" anzudeuten.

Bonzo und Purzel, die beiden Rüden, waren einander nicht besonders grün. Doch mochte es Bonzo unter seiner Würde halten, sich mit einem Haus- und Hofhund fragwürdiger Abstammung in einen Händel einzulassen. Entweder nahm er überhaupt keine Notiz von ihm, oder er scharrte bei dessen Anblick mit den Pfoten und knurrte leise vor sich hin. So lebten beide ohne ernsthaften Zwischenfall einigermaßen friedlich nebeneinander her.

Eines Tages geschah das auf Dauer Unvermeidliche. Die beiden Rüden hatten sich auf dem Hof unter fürchterlichem Gejaule derart ineinander verbissen, daß auch der beherzteste Zugriff sie nicht auseinanderbrachte. Beiden trat bei dem Kampf auf Leben und Tod das Weiße aus den Augen. Da kam die resolute Kollegenfrau zu Hilfe. Sie wußte, wie man es macht, und kniff dem einen kräftig in ein rückwärtiges Körperteil, wo nicht allein Hunderüden äußerst empfindsam sind. Da ließ der eine vom anderen. Es gab weder Sieger noch Besiegten, dafür

jeho důstojnosti dát do spolku s nějakým psem ze dvora, a ještě s pochybným původem?! Buďto si ho vůbec nevšímal, nebo při jeho zájmu hrabal packami proti němu a tiše vrčel. Tak žili oba vedle sebe bez zvláštních případů. Jednoho dne se stalo to dlouho nevyhnutelné. Oba psi se do sebe za strašlivého řevu tak zakousli, že je nebylo možné od sebe odtrhnout. Světla měli oba podlité krví - v tomto boji na život a na smrt. Tu přispěchala na pomoc rezolutní kolegova manželka. Věděla, jak na to. Popadla šikovným hmatem každého psa v zadní části těla na místě, které je pro ně nejcitlivější. Rázem byli oba od sebe. Nebylo vítěze ani poraženého. Zato poranění bylo na obou stranách. Bonzo krvácel na slechu tak silně, že jsme se rozhodli přiložit mu obvaz. Jak ale takový závěs /boltec/ jezevčíka obvázat? Přiložili jsme na ránu svitek gázy a srolovali ušní boltec s gázou směrem dovnitř. Potom jsme tu jezevčí roládu na obou koncích připevnili obvazem. Co potom následovalo, bylo tak komické, že jsme se otřásali smíchy. Bonzo šmátral stále packou po stočeném uchu, koulel se, otřásal, točil do kola, až se mu podařilo odstranit tu zapeklitou motanici a ušní boltec dostat zase do původního stavu. Od toho případu šli si oba navzájem s cesty. Hověl-li si Bonzo v mojí pracovně u kamen nebo v křesle u psacího stolu, a já jen tak prohodil: „Venku je Purzel, ten rošťák", vyskočil, běžel k oknu a hlasitě štěkal do dvora.

Bonzo nacházel se nyní již v nejlepších „mužných" letech. Podle našeho pojetí a zkušeností byl chytrý, přítulný a veselý, mimo to lze říci téměř zlidštělý. Říkám: „Ten pes má duši a rozum". Může člověk svoje nejvnitřnější pocity dát výrazněji najevo než jak činí ten malý jezevčík? Každé ráno před odchodem do revíru seděl vždy již dlouho u dveří napjat, rozradostněn a čekal na moje znamení. Řekl-li jsem jen to malé slovíčko „jdeme" a vzal vodítko z věšáku, skákal kolem mne jako divoký a radost probíhala celým jeho tělíčkem, všemi údy až do špičky jeho oháňky. Lehce zvedal pysky, což dělalo dojem úsměvu. Řekl-li jsem však: „Bonzo, dnes musíš zůstat doma", stihl mne jeho nesmírně smutný pohled, hluboce skrčen se zataženou oháňkou se odplížil ke svojí bedýnce, kde tišil svůj žal.

Někdy ovšem pochybuji o jeho „rozumu". Například když umazanými packami pošlapal k bělení prostřené prádlo, a tímto činem na sebe přivolával nepřízeň či zlobu mojí paní. Nebo když se náležitě vyválel v příšerně zapáchající hmotě a zápach šířil po celém bytě. Potom si musel nechat líbit náležitou koupel, při které byla sprcha nahrazena kropící konví. Toto náleželo stejně k jeho tělesné hygieně. Potom, vytřen do sucha, dostala jeho srst znovu patřičný lesk. Bez těch jeho malých klackovitostí a veselých kousků nebyl by to ani pravý jezevčík.

A přece se stalo v jeho životě mnohé, co ho učinilo mezi jeho součastníky vynikajícím. A k těm nespočetným slavným úspěchům připojuje se tento další zážitek.

Jednoho letního večera jsem se připravoval na srnce. Protože jsem měl toho dne již značný počet kilometrů v nohou, vytáhl jsem ze stáje motocykl a s Bonzem v batohu a puškou přes rameno jsem vyrazil.

Pro další chov nezpůsobilý špičák mně již delší čas vodil za nos. Přes úzkou paseku s mladými, právě z nejhorších vzrostlými sazenicemi smrku, měl vždy velmi naspěch. Snad, že mu skýtalo málo krytu. Také nikdy nešel stejným ochozem. Seděl-li jsem na horním konci, prošel vždy vychytrale dole. Čekal-li jsem nahoře, bylo to obráceně. Když jsem se „chytře" postavil doprostřed, vyšel příliš daleko. Jeho chytrost mě dráždila. Řekl jsem si: „Lest proti lsti". Jestliže vždy zatáhne do protilehlého starého porostu, pak se tam jistě cítí bezpečně a může zde v klidu pohodlně mlsat vybrané listoví, trochu brát paši, vytloukat a zaléhat dle libosti. Tam jsem se chtěl pokusit vyčíhat ho, a kdyby to jinak nešlo, vyzkoušet na něm šoulačku.

Modrozelená tráva jelenice tvořila menší a větší polštáře mezi šedivými kmeny. Na starých polomových světlinách bujely malinové a ostružinové výhony. Roztroušené rostly zde pravěké vějíře kapradin. Na mnoha místech tvořily bezové keře hustý podrost.

Wunden auf beiden Seiten. Bonzo blutete so schrecklich an einem Behang, daß wir einen Verband für nötig hielten. Wie aber das Schlappohr eines Teckels verbinden? Wir legten ein Stück Linnen auf die Wunde, rollten Ohr und Linnen ineinander und umwickelten die Teckelohrroulade an beiden Enden mit einem Bindfaden. Was dann folgte, war von so umwerfender Komik, daß wir uns ausschütteten vor Lachen. Bonzo tapste immerzu mit der Pfote nach dem eingerollten Ohr, wälzte sich, schüttelte sich, drehte sich im Kreise, bis – ja, bis er sich von dem vermeintlichen Firlefanz befreit und die Symmetrie seiner Behänge wieder hergestellt hatte.

Seit diesem Zwischenfall gingen sich die beiden erst recht aus dem Wege. Wenn Bonzo jedoch in meinem Arbeitszimmer am Ofen lag oder sich im Schreibtischsessel hinter meinem Rücken räkelte und ich zu ihm sagte: „Draußen ist Purzel, der Schweinehund", sprang er auf, lief zum Fenster und gab mit seiner tiefen, sonoren Stimme kräftig Laut.

Bonzo befand sich nun schon in den besten „Mannesjahren". Er war nach unseren Begriffen und Erfahrungen so einmalig klug, anhänglich und drollig obendrein, daß die Gefahr der Vermenschlichung nahelag. Instinkt, Reflex, sagen die einen. Der Hund hat Seele und Verstand, sage ich. Kann ein Mensch seinen innersten Gefühlen stärker Ausdruck verleihen, als es der kleine Teckel konnte? Jeden Morgen saß er schon lange vor Aufbruch ins Revier an der Tür und wartete gespannt, mit den Behängen wackelnd und der Rute klopfend, auf mein Zeichen. Sagte ich nur das kleine Wörtchen „fort" und nahm die Leine vom Haken, sprang er wie toll in der Diele umher, und die Freude durchzuckte den ganzen Körper und alle Glieder bis in die äußerste Rutenspitze. Er zog die Lefzen leicht nach oben, was aussah wie ein Lachen. Sagte ich aber: „Bonzo, du mußt heute zu Hause bleiben", traf mich sein unendlich trauriger Blick, und er schlich mit eingeklemmter Rute tief gekränkt davon. Er suchte Zuflucht in „Bonzos Ruh'", rollte sich zusammen und stillte seinen Jammer.

Manchmal allerdings zweifelte ich an seinem Verstand". Dann zum Beispiel, wenn er mit dreckigen Pfoten über blütenweiße, zur Bleiche ausgelegte Wäsche tapste, daß er mit solcher Untat den Zorn meiner Frau auf sich zog. Oder er hatte sich in irgendeiner übelriechenden Schmiere so leidenschaftlich herumgewälzt, daß die ganze Wohnung danach stank. Dann mußte er sich im Waschhaus ein Bad gefallen lassen. Die Gießkanne ersetzte die Brause.

Es gehörte ohnehin zur Körperpflege. Trocken frottiert bekam sein Fell wieder einen frischen, neuen Glanz.

Ohne die kleinen Rüpeleien, ohne manch lustige Teckelade, wäre Bonzo kein waschechter Teckel gewesen. Doch gab es vieles in seinem Leben, das ihn zum Außergewöhnlichen unter seinesgleichen erhob. Und den ungezählten Ruhmesblättern fügte er mit dem folgenden Erlebnis ein weiteres hinzu.

An einem Sommerabend weidwerkte ich auf den roten Bock. Da ich an diesem Tage ein beträchtliches Quantum an Kilometern schon unter den Füßen hatte, holte ich das Motorrad aus dem Stall, ließ Bonzo in den Rucksack schliefen und fuhr mit umgehängter Doppelflinte hinaus.

Der für die Fortpflanzung wenig taugliche Gabelbock führte mich schon eine Weile an der Nase herum. Sehr eilig hatte er es stets über den schmalen Schlag, dessen junge Fichten, gerade aus dem Gröbsten heraus, nur wenig Deckung boten. Und nie hielt er einen bestimmten Wechsel. Saß ich am oberen Ende, schlich er sich am unteren Ende heimlich davon, postierte ich mich am unteren Ende, war es umgekehrt. Stellte ich es ganz klug an und pflanzte mich in die Mitte, blieb er fern. Seine Schläue reizte mich sehr, und nun erst recht setzte ich List gegen List. Wenn er sich jedesmal schnurstracks hinüberstahl ins jenseitige alte Holz, mußte er sich dort umso sicherer fühlen, im Müßiggang die erlesensten Blätter naschen, ein wenig dösen, fegen und plätzen nach Herzenslust. Dort wollte ich versuchen, ihm aufzulauern, wenn es nicht anders ging, die Kunst der Pirsch auf ihn zu probieren. Noch war langes Büchsenlicht.

Bläulichgrünes Schmielengras breitete sich in kleineren und größeren Polstern zwischen den grauen Stämmen aus. Auf alten Bruchlücken wucherten Himbeer- und Brombeergestrüpp, blühten Fuchs-Kreuzkraut und ein paar Weidenröschen. Verstreut fächerten auch die urzeitlichen Wedel des Wurmfarn. An manchen Stellen bildeten Hirschholunderbüsche ein dichtes Unterholz. Gern äst im Winter das Wild die prallen Knospen samt den jungen Trieben. Doch der Forstmann sieht den Strauch nicht gern. Auf neu kultivierten Schlägen raubt er den jungen Holzpflanzen kraft seines enormen Ausschlagvermögens Licht, Luft und Lebensraum. Die kleinen Inseln des weißblütigen Sauerklees reflektierten alte forstliche Schulweisheit: Sauerklee weist auf gute Bodengare, echten Wurmmull, hin.

An etwas erhöhter Stelle, wo ich meinte, den

Jejich pupeny a výhony bere v zimě ráda zvěř. Přesto však lesník nerad tyto keře v lese vidí. Následkem schopnosti jejich rychlého růstu berou na nově zalesněných pasekách mladým sazenicím výživu, světlo, vzduch i životní prostor. Malé ostrůvky bíle kvetoucího, planého jetele ukazují zde podle zkušenosti starých lesníků, na kvalitní půdu, lesní humus.

Na poněkud vyvýšeném místě, odkud jsem předpokládal dobrý přehled, jsem usedl na pařez a opatrně zapálil cigaretu, abych se přesvědčil o směru větru. O tom se však zde, uvnitř lesa nedalo vůbec mluvit. Modrý kouř stoupal, klesal, táhl do všech stran. To by mohlo být zajímavé. Konečně jsem se orientoval podle směru obláčků, plujících po obloze. Moje místo je výhodné, ubezpečil jsem se.
Zde se očekávaný srnec určitě musí objevit. Když ani zde by se to nemělo podařit ....?! Jak pomalu ubíhal ten čas za napjatého pozorování a naslouchání! Dívám se na hodinky a místo očekávané půlhodinky uběhlo deset minut. Konečně se v tom líném čase něco pohnulo. Párek divokých holubů zapadl svým svištivým letem do mohutného, bobulemi obaleného bezového keře. S nataženým krčkem a nakloněnou hlavičkou pozorovali chviličku okolí. Snad se jim zdál být vzduch „čistý", neboť začali zobat, přeskakovat a přeletovat z větve na větev. Přál jsem jim dobrou chuť a mně samotnému přišla chuť na pečená holubí prsíčka s rýží. Seděl jsem tiše jako myška, neboť divoký holub pozoruje ostře a ostražitě. Náhle, až jsem se trochu ulekl, s hlasitým zapláčením křídel, odlétli. Ukončili svou přesnídávku nebo zjistili něco podezřelého - snad mne? Hodinky ukazovali již osmou hodinu a začalo být trochu chladno. Dalekohledem pozoruji prostor mezi stromy a keři. Ozývá se kos, přidává se červenka s jejím tichým tikáním. Minuty uběhly a stále jen ten rámusící kos. Však co to? Jako by se něco hnulo! Přeci! Jeden z keřů se ohýbá a otřásá. Vítr to nemůže být - je to srnec, vytloukající srnec! Již slyším to harašení. Ukazuje se srnčí hlava. Je to můj srnec! Ale co nyní? Na ránu z mojí pušky zdá se mi to příliš daleko. Mám

se pokusit našoulat ho? Zatím, co já přemýšlím, rozhodl situaci on. Několika skoky přiblížil se směrem proti mně a zůstal v postoji „na široko". Padla rána, srnec odskočil, jako by se mu nic nestalo, a na vzdálenost asi třiceti kroků mi zmizel z očí. Chvíli, kterou obnáší vykouření jedné cigarety, jsem počkal, než jsem šel na nástřel. Zde, na zeleném pažitu byla rozstříknuta jasně červená zpěněná barva. Konstatuji: Dobrá rána, barva z plic. To stačí, tím je řečeno všechno. Vracím se k mé motorce, kterou, schoulen v batohu, hlídal můj věrný pejsek Bonzo. Radostně vyskočil, když jsem mu řekl - budeš hledat „kočičku". Rychle pochopil a již mne táhl od motorky. Než jsem se nadál, napjal se řemen vodítka, Bonzo vyrazil vpřed a v okamžiku stál nad zhaslým srncem.

Bonzo, Bonzo, ty jsi starý rutinér. Prohrabávám mu jemně srst. Kdybys byl hlásič, byl bys jedinečný a nejlepší pes na světě. V několika minutách jsem srnce vyrušil a přitáhl blíž k silnici, neboť jsem ho chtěl ještě dnes odvézt. Bonzo jako spolujezdec, zaujal své místo v batohu. Já měl nyní naspěch. S večeří jsem se příliš nezdržoval, ale rychle jsem jel do lesovny odevzdat zbraň. I přes pokročilou dobu zastihl jsem kolegu za psacím stolem při vyplňování těch nekonečných výkazů. Ještě několik nechvalných slov padlo na to věčné papírování, když jsme se vestoje pozdravili.

Otec kolegy Hermanna, který leží již na hřbitově pod malebnou břízou, byl lesákem tělem i duší. Jednoho dne odešel z domova do lesa a více se nevrátil. Jeho lesácké srdce dotlouklo a skácel se jako podťatý strom. On i jeho otec, děd kolegy Hermanna, sloužili na zdejším revíru jako lesníci.

Agendy je nyní více než bylo za předchůdců kolegy Hermanna. Pokud se týká lesa, je odborník na svém místě. Pokud se týká agendy, to již o sobě netvrdí. Kupodivu zvládá ty hromady papírů a výkazů vždy spolehlivě a včas. Na jeho stole stojí mezi papíry ze dřeva vyřezaná soška dřevorubce s nářadím na zádech. Na pod-

besten Überblick zu haben, setzte ich mich auf einen Stubben nieder und zündete recht umständlich eine Zigarette an. Woher kam der leidliche Wind? Ach, von Wind konnte hier im Waldesinnern gar keine Rede sein. Der blaue Dunst zog träge hierhin und dahin; das konnte ja heiter werden. Schließlich orientierte ich mich an den weißen Federwölkchen, die sacht am Himmel dahinsegelten. Mein Standort war richtig, der Bock mußte mir, falls überhaupt, schon ganz dämlich kommen, wenn das hier nicht klappen wollte.

Nur langsam verging die Zeit mit Spähen und Lauschen. Schaute ich auf die Uhr, waren gerade erst zehn Minuten vergangen statt der vermeintlichen halben Stunde. Endlich kam etwas Bewegung in den trägen Fluß der Zeit. Ein Wildtaubenpärchen fiel mit vernehmlichem Geflatter in einen mächtigen, über und über mit roten Beerenträubchen behangenen Hirschholunder ein. Erst saßen sie ein Weilchen da und äugten mit langem Hals und schiefem Kopf in die Runde, dann, als die Luft rein zu sein schien, fingen sie an zu schnabulieren, hüpften und flatterten von einem Ast zum andern. Ich wünschte den beiden guten Appetit und bekam selbst Appetit auf Brühreis mit Täubchenbrust. Mucksmäuschenstill mußte ich mich verhalten, denn Wildtauben äugen äußerst scharf. Plötzlich, daß ich ein wenig erschrak, stoben sie plärrend wieder davon. War die Taubenmahlzeit schon zu Ende, oder hatten sie etwas Verdächtiges bemerkt, nämlich mich? Die Uhr zeigte schon die achte Stunde, und es begann ein wenig schummerig zu werden. Mit dem Glas suchte ich noch aufmerksamer zwischen Bäumen und Sträuchern hin und her. Eine Amsel zeterte, ein Rotkehlchen fiel mit leisem Ticken ein – Zeichen, die meist etwas zu bedeuten haben. Minuten vergingen, wieder spektakelte die Amsel. Bewegte sich nicht da etwas? Nein, es war wohl nichts. Und doch. Ein Rütteln und Schütteln ging durch einen Strauch. Der Wind konnte es nicht sein; es war ein fegender Bock. Jetzt hörte die Bewegung auf, ein Rehhaupt schob sich hervor. Es war mein Bock. Aber was sollte werden? Für einen sicheren Schuß aus dem Flintenlauf schien mir die Entfernung noch viel zu weit. Sollte ich versuchen, ein Stück näher an ihn heranzupirschen? Noch während ich überlegte, nahm er mir die Entscheidung ab, kam mit übermütigen Sprüngen halbspitz auf mich zu, verhoffte mit nicht ganz breitem Blatt, da war auch schon der Schuß hinaus. Der Bock flüchtete normal, als sei ihm nichts geschehen, entschwand nach dreißig Schritten meinem Blick. Die obligatorische Zigarettenlänge wartete ich ab, ehe ich zum Anschuß ging. Dort lag hellroter, blasiger Lungenschweiß. Das genügte, das sagte alles. Ich lief zurück zu meinem Hund, der Rucksack und Motorrad bewachte. Bonzo sprang an mir hoch vor Freude. „Komm, such die Mieze!" sagte ich; er hatte vernommen und zerrte mich mit sich fort. Mit Leichtigkeit folgte er hechelnd und straff im Riemen liegend der Schweißfährte und war im Nu am gestreckten Bock.

Routinearbeit! Ein bißchen daran zu zerren, mußte ich ihm schon gönnen. „Warum bist du kein Totverbeller, Bonzo?" sagte ich. „Du wärst sonst der vollkommenste Hund der Welt." In wenigen Minuten hatte ich den Bock aufgebrochen und zog ihn ein Stück in des Weges Nähe, von wo ich ihn noch heute holen wollte. Bonzo kroch als „blinder Passagier" wieder in den Rucksack. Ich hatte es jetzt eilig.

Mit dem Abendbrot machte ich es kurz. Dann fuhr ich hinauf zum Forsthaus auf dem „Kalten Kober", die Waffe abzuliefern. Die Zeit war um. Mein Kollege saß noch am Schreibtisch und kubierte seitenlange Stammholzlisten. Ein paar derbe Flüche auf die vermaledeite Pinselei folgten der Begrüßung auf dem Fuße. Kollege Hermann, der nun schon auf dem Friedhof neben der malerischen Bergkirche ruht, war Förster mit Leib und Seele von der Pike auf. Schon Vater und Großvater hatten als Forstwarte auf dem gleichen Revier Dienst getan. Sein Vater ging eines Tages aus dem Haus in den Wald und kehrte nicht zurück. Man fand ihn tot, ein Herzschlag hatte den kräftigen Mann wie einen Baum gefällt.

Mehr als seine Vorfahren im Amt hatte sich Hermann mit der Schreibarbeit abzuplagen. Von einem ordentlichen Revier hielt er alles, von einem geordneten Aktenwesen nichts, doch fand er sich in dem Papierwust und Blätterurwald noch immer erstaunlich gut zurecht. Auf dem Schreibtisch stand, zwischen Papierstöße eingepfercht, die geschnitzte Figur eines Waldarbeiters mit dem Raff auf dem Rücken. Auf dem Sockel hatte sein Schöpfer den Anlaß der Stiftung eingraviert: „Zur Vermehlung".

Ich war kleben geblieben bei meinem Kollegen, viel länger, als es in meiner Absicht gelegen hatte. Doch wie das so ist: Sitzen Grünröcke beisammen und spinnen einen Faden, achten sie auf die Stunde nicht.

Ich fuhr über die „Hand", ein legendenumwobenes Wegekreuz hoch oben auf dem Waldplateau, vorüber an der alten, hohlen Linde, wo eine Ewigkeit stavci je vyryto věnování „K sňatku". U kolegy jsem uvízl mnohem déle, než jsem měl v úmyslu. To už tak je: sejdou-li se dva zelenokabátníci, začnou povídat, a to už potom na nějaké té hodině nesejde. Konečně vyjíždím, křižuji starou lesní cestu, lesní rovinu, míjím starou vykotlanou lípu, ve které již dlouhou dobu hnízdí sýček, a konečně dojíždím k tomu požehnanému lesu, kde leží můj srnec. Zde stavím motorku ke stromu. Tu závan větru přináší zvuk úderů věžních hodin oznamující dvanácti údery půlnoc. Všude panovala úplná tma, jen několik hvězdiček mihalo se matně skulinami v korunách stromů. Zde někde musí ležet. Přece jsem ho po vyrušení uložil viditelně na pařez k řádnému vyvětrání?! Opatrně hmatám sem a tam. Neuvěřitelně hlasitě zní v tom nočním tichu každé prasknutí i té nejslabší větvičky pod mýma nohama.

Náhle jsem zaslechl nějaké harašení, které jsem rozhodně nezpůsobil já. Zůstávám stát a napjatě naslouchám. Nic, všude hluboké ticho. Náhle jsem leknutím ztuhnul. Docela blízko mne se něco mihlo a já měl pocit, že se to dotklo mých holinek. Studený pot mi stéká po zádech a bezděčně mě napadá myšlenka: půlnoc - hodina duchů. Tuto směšnou myšlenku rychle zaplašuji a začínám logicky myslet. Snad liška chtěla načít zhaslého srnce a potlouká se kolem? A co vzteklina?!! Zvláště u lišek. Pádím zpět k motorce, zapínám reflektor, vytlačuji ji kus od cesty na vyvýšené místo a proudem světla pátrám v terénu. Ach, jaká úleva - támhle, ano, tam leží můj srnec a vedle něj sedí to „lesní strašidlo", Bonzo, můj hodný pes. Živě kývá hlavou s rozkmitanými závěsy -boltci, znamení to zvědavosti, jak bude „pánícek" reagovat. Jeho oči zářily ve světle reflektoru jako dva zelené drahokamy. S radostnou úlevou opírám motorku o nejbližší strom, beru Bonza do náručí, chválím ho a laskám. Srnec ležel nedotčen! Bonzo jako vždy věrně a spolehlivě střežil „pánícovu" kořist.

Pro mne zůstalo hádankou, jak mohl s takovou jistotou za noci dojít k „jeho kořisti", vzdálené několik kilometrů. Tuto trasu absolvoval sice několikráte, ale vždy schoulen v temném batohu. Když se mu podařilo vyběhnout z domu, přepadla ho cestou noc. Neměl tedy nic, co by ho vedlo. Ani přehled, ani vlastní či moji stopu.

O rok později, když podzim hýřil již pestrými barvami, vracel jsem se domů a cestou mi přichází naproti moje paní a syn, viditelně zkroušení. Vzlykajíce, se slzami v očích, sdělovali mi, co se stalo: "Bonzo je mrtev! Policejní hlídka ho na silnici "U skály" přejela". Dva mládenci ze vsi, kteří to mohly dosvědčit, přinesli tuto smutnou zprávu do lesovny. Sevřelo se mi hrdlo i srdce žalem a musel jsem se přemáhat, abych neslzel. „Proč jste na něj nedávali lepší pozor? Vytýkal jsem jim oběma podrážděně. „My za to opravdu nemůžeme", ospravedlňovala se paní. „Dveře byly jen na okamžik otevřeny a on toho využil, aby vyběhl z domu".

Spěchal jsem do vsi a prosil cestáře, aby mého Bonza přinesl a pochoval. Já jsem nemohl. Jen pes? Pro mne to byl druh, pomocník, kamarád!

V následujících dnech a měsících chodil jsem lesem sám a nemohl si na tu osamocenost zvyknout. Po mém boku chyběl Bonzo. Velmi, velmi mi chyběl!

Od té doby jsem neměl již žádného psa. Žádný by totiž mého Bonza nenahradil!

schon der Waldkauz haust, hinüber ins „Schafferholz", zu meinem Bock. Dort stellte ich das Motorrad ab, und gerade wehte die Luft zwölf Schläge aus dem nahen Dorf herüber. Ich hatte den Bock mit gelüfteten Keulen gut sichtbar auf einen Stock gezogen. Doch jetzt herrschte fast völlige Dunkelheit, nur ein paar Sterne flimmerten matt durch das lückige Kronendach. Hier ungefähr mußte er liegen. Vorsichtig tastete ich mich hin und her. Unwahrscheinlich laut klang es, knackte in der Totenstille unter meinen Füßen auch nur ein dünnes Ästchen.

Aber war da eben nicht noch ein anderes Geräusch, das nicht zu mir gehörte? Ich blieb stehen, lauschte gespannt in die Runde. Nein, alles blieb still. Plötzlich fuhr ich schreckhaft zusammen. Ganz nahe neben mir schlich etwas, so nahe, daß ich meinte, eine Berührung an den Stiefelschächten zu spüren. Jetzt lief mir doch ein Schauer eiskalt über den Rücken. „Geisterstunde!" dachte ich unwillkürlich und verscheuchte sofort wieder diesen lächerlichen Gedanken. Machte sich vielleicht ein Fuchs am Bock zu schaffen und schlich hier herum? Die Tollwut ging um. Ich rannte zu meinem Motorrad, schaltete das Licht ein, schob die Mühle ein Stück vom Wege fort in den hohen Bestand und leuchtete in die Runde. Ja, dort lag der Bock, und neben ihm saß das „Waldgespenst", Bonzo, mein braver Hund. Er wackelte lebhaft mit den Behängen, ein Zeichen seiner Verunsicherung. Wie würde Herrchen jetzt reagieren? Und seine Augen phosphoreszierten als zwei grüne Punkte im Lichtschein des Scheinwerfers. Ich lehnte das Motorrad an einen Baum, nahm Bonzo auf den Arm, lobte ihn und liebelte ihn ab. Dem Bock fehlte nicht ein Haar. Bonzo hatte ihm treulich die Totenwache gehalten.

Mir aber blieb es ein Rätsel, wie er mit solch nachtwandlerischer Sicherheit wieder hinausfinden konnte zu „seiner" Beute, mehrere Kilometer vom Hause entfernt. Auf der Fahrt hatte er beide Male in der finstern Rucksackhülle gesteckt. Dann, als er sich aus dem Hause schlich und auf den Weg machte, umfing ihn die Nacht, und keine Spur gab es, weder meine noch seine, die ihn hätte leiten können.

Ein Jahr später. Der Herbst malte die Blätter bunt. Zu abendlicher Stunde kehrte ich nach Hause zurück. Auf der Diele kamen mir meine Frau und der kleine Sohn merkwürdig gedrückt entgegen. Stockend, mit Tränen in den Augen, berichteten sie, was geschehen war: „Bonzo ist tot. Eine Grenzpolizeistreife hat ihn mit dem Beiwagenkrad unten auf der Straße, am Felsen, überfahren." Zwei Jungen aus dem Dorf, die es bezeugen konnten, waren mit der traurigen Nachricht ins Forsthaus gekommen. Mich würgte es im Halse, mir wurde schwer ums Herz, und ich mußte mich beherrschen, daß auch mir nicht die Tränen kamen. Warum habt ihr nicht besser auf ihn aufgepaßt!?" fuhr ich beide zornig an. „Die Tür stand einen Moment offen", sagte meine Frau, „und da ist er hinausgehuscht. Wir können nichts dafür."

Ich lief ins Dorf und bat den Straßenmeister, er solle ihn holen und morgen am Tage irgendwo begraben. Ich selber konnte es nicht tun. Nur ein Hund? Für mich war er mehr: Gefährte, Gehilfe, Kamerad. In den folgenden Tagen und Wochen ging ich durch den Wald und konnte mich an das Alleinsein nicht gewöhnen. Mir fehlte Bonzo an meiner Seite, er fehlte mir sehr.

Seitdem ist kein Hund wieder ins Haus gekommen. Es wäre wohl auch keiner in der Lage gewesen, so für ihn einzutreten, daß keine Lücke blieb.

Hirschdusel

Es ist Ende September. Mit der Hirschbrunft erreicht das Jagdjahr wieder seinen Höhepunkt. Noch sitzen die Blätter fest an den Zweigen, noch dominieren spätsommerliche Farben in Wald und Flur. Zur Brunft gehören eigentlich schon herbstliche Stimmungen: bunte Wälder, fallende Blätter, sternenklare, kalte Nächte, deren Frosthauch sich erstarrend niederschlägt auf Gras und Kraut. Doch ungeachtet des Wechsels in der Natur tritt der Hirsch in die Brunft. Klare Frostnächte aktivieren das Brunftgeschehen, entfachen die Glut, treiben den Reigen des Rotwildes in den ersten Tagen des Oktober zum Höhepunkt. Jetzt zieht es die Grünröcke hinaus zu den Einständen und Brunftplätzen, um das imposante Schauspiel zu beobachten, den urigen Schrei der Hirsche zu hören, der drohend, gebietend hervorgrohnt aus nebelfeuchter Dämmerung. Und jeder wünscht sich im stillen, daß auch ihm ein kapitaler Hirsch zufalle. Öfter als sonst im Jahr hallen Schüsse.

In meinem Revier gehört Rotwild nicht zum Standwild. Nur gelegentlich, meist im Winter, stellen sich einige Stücke ein, wechseln von einer Fütterung zur anderen, leeren Kästen und Raufen, daß wir eiligst für Nachschub sorgen müssen, soll das Rehwild in strengen Wintern nicht Not leiden.

Im Rotwildgebiet jenseits der Flußaue wird uns Weidgenossen von diesseits zur Hirschbrunft

Jelení říje

Je konec září. Je tu jelení říje - vrchol loveckého roku. Na větvích listnáčů se ještě drží listy, v lese i na poli vládnou barvy pozdního léta. K jelení říji patří vlastně již pravá podzimní nálada. Pestré barvy listnáčů, padající listí, hvězdné jasné noci, které zanechávají mrazivá rána. Bez ohledu na změny v přírodě začíná jelení říje, která většinou vrcholí v prvních dnech měsíce října. Již před svítáním obsazují myslivci posedy v blízkosti říjišť, aby v mlhavém ranním rozbřesku viděli to nádherné divadlo, souboje a mohutné troubení jelenů bojujících o prvenství nad tlupou laní. Každý si v duchu přeje ulovit dobrého jelena. V lesích je nyní slyšet více střelných ran než v průběhu dosavadního roku.

Jelení zvěř není v mém revíru kmenovou zvěří. Jen občas se objeví několik kusů, zejména v zimní době, kdy vyprazdňuje srnčí zvěři krmelce, které musíme rychle doplňovat, aby tato nestrádala hladem.

V době jelení říje poskytují nám kolegové z jelení oblasti možnost lovu jako loveckému hostu.

Hubený vyčouhlý vedoucí lovu, s krátkým plnovousem, stejné hodnosti jako já, přidělil mi na první čekanou posed u malého, velmi dobře položeného prostranství v nejvýše položené části revíru. Zde, v nadmořské výšce 800 m, panuje drsné podnebí, léta jsou krátká, zimy dlouhé. Nemají to lesníci lehké pěstovat les v těchto drsných podmínkách, zejména pak když se přidají ještě škody exhalacemi. Potom je práce lesníka zvlášť složitá. Mám k dispozici několik žebříkových posedů. Využívám toho a volím pro dnešní čekanou vysoký žebřík s vhodnou polohou. I přes moji antipatii k žebříkům vylezl jsem nahoru systémem „drž se na třech místech". Odhazuji věchet promoklé trávy, která měla na prkénku sloužit jako polštář. Hledám nejpohodlnější sezení. Konečně sedím bezpečně jako v rouše Abrahamově. Přede mnou se rozkládá do široka holina osázená mladými smrkovými sazenicemi, které se těžko probojovávají vysokou travou. Kolem samá smrková houština a mladý tyčkový les. Ideální místo pro čekanou, jaké jsem si mohl jen přát. A již fantazie vyvolává ve mně obrazy úspěšného lovu. Neuplynulo však ani čtvrt hodiny a obratem ruky se všechno mění. Hustá bílá mlha se valí náhorní plošinou, překrývá stromy, keře, všechno. Veškeré naděje na úspěšný lov jsou zmařeny. Chvílemi se mlhový závoj protrhne a umožní na okamžik rozhled. Stydlivě vykukují z mlhy vrcholky smrků, aby se záhy do ní ponořily. Co si mám počít zde v horách, v tomto nevlídném, strašidelném lese, v této sklíčující samotě? Již se mísí mlha s nastupujícím soumrakem, kolem mne je noc, obklopuje mne smrtelné ticho. Kde je nějaká civilizace? S největší opatrností slézám s žebříku, až konečně cítím pevnou půdu pod nohama. Moji motorku jsem zanechal u „Trubače" - mezníku vyznačujícím jednotlivá oddělení. Nechci se splést, musím se dostat opět na tu vyjeżděnou cestu, po které jsem přišel. Klopýtám krajem porostu bez jakéhokoliv pojmu o vzdálenosti. Konečně poznávám cestu a sleduji traktory vyjeżděnou kolej.

Konečně jsem u „Trubače". Zde někde v pravo jsem opřel motorku o strom. Hledám v pravo, vlevo, pořád nic. V tom strašidelném nočním lese není čeho se bát, ale nyní mi je přece jenom trochu úzko. Rozhoduji se. Budu hledat v pravo. Strach popohání moje kroky a oči se snaží proniknout tu mléčnou polívku a noční čerň. Zbytečně. Vzhlédnu-li k obloze, vidím v mlze okraje korun vysokých stromů. Podle toho usuzuji, že les je v pravo od cesty. Tam musí být moje motorka. Náhle mlha zřídla a trochu se prosvětlilo. Jsou viditelné obrysy stromů a - kámen mi spadl ze srdce. Vidím svoji motorku opřenou o strom.

Pomalu a velmi opatrně, při viditelnosti sotva 5m, jedu k domovu. V údolí bylo bez mlhy. Jak přátelská připadají mi světla vesnice!

Toho roku utrpěly lesy velkou pohromu. V posledních dnech měsíce dubna pa-

freundlichst Gastrecht gewährt. Der hagere, hochaufgeschossene Jagdleiter mit dem gestutzten Vollbart, der, wie ich, zwei Eicheln auf den Schulterstücken trägt, weist mir zum ersten Ansitz ein kleines, überschaubares Gebiet im höchstgelegenen Revierteil zu. Hier oben in fast 800 Meter Höhe herrscht ein rauhes Klima, die Sommer sind kurz, die Winter lang. Nicht leicht haben es die Berufskollegen, im Kampf mit den Naturgewalten den Wald zu erhalten, zumal auch Luftschadstoffe alle forstliche Arbeit noch komplizieren.

Mehrere Leitern stehen mir zur Auswahl zur Verfügung. Eine scheint mir besonders günstig. Sie ist sehr hoch, doch trotz meiner Leiterangst ziehe ich mich nach dem Sicherheitssystem der Dreipunktaufhängung hinauf, werfe den quietschnassen, als Sitzkissen benutzten Schmielenplaggen hinunter, rücke mich auf dem schmalen Sitz zurecht und ruhe endlich sicher wie in Abrahams Schoß. Vor mir liegt eine Blöße hingebreitet, bepflanzt mit jungen Fichten, die es schwer haben, sich im hohen Reitgras durchzukämpfen. Ringsum nichts als Dickung und junges Stangenholz. Ein Rotwildeinstand, wie man ihn sich idealer nicht denken kann. Und schon zaubert mir die Phantasie allerlei Wunschbilder vor Augen. Doch was da nach kaum einer Viertelstunde heran- und heraufzieht, löscht alle Hoffnung auf jagdlichen Erfolg im Handumdrehen. Dichter weißer Nebel wallt über das Hochplateau, läßt Baum und Strauch, alles Körperhafte, darin versinken. Nur ab und an noch reißt der Vorhang auf, gewährt für Augenblicke ein wenig Sicht. Schemenhaft tauchen Baumwipfel aus dem Gewoge auf, um augenblicklich wieder zu zerfließen. Was will ich eigentlich noch hier draußen in diesem unheimlichen Geisterwald, in dieser bedrückenden Einsamkeit? Schon vermischt sich der Nebel mit der rasch hereinbrechenden Dämmerung, um mich wird es Nacht, und eine Totenstille umfängt mich, gleich jeglicher Zivilisation fern zu sein.

Mit äußerster Vorsicht steige ich die steile Leiter abwärts und spüre wieder festen Boden unter den Füßen. Mein Motorrad hatte ich am „Trompeter", einem ausgebauten sächsischen Abteilungsflügel, abgestellt. Will ich mich nicht verirren, muß ich auf dem ausgefahrenen Weg zurück, auf dem ich gekommen bin. Ich stolpere am Bestandesrand entlang, ohne jegliches Gefühl für die Entfernung. Ein Weg ist noch erkennbar, er muß es sein. Ich folge einfach den tiefen Traktorengleisen. Endlich stehe ich auf dem „Trompeter". Hier rechts, vermute ich, hatte ich das Motorrad an einen Baum gelehnt. Ich suche und suche – und finde es nicht. Nichts Schreckhaftes hat für mich der nächtliche Wald, aber jetzt wird mir doch ein bißchen mulmig. Wohin soll ich nun gehen? Gefühlsmäßig entscheide ich mich für rechts. Von Ängsten getrieben, beschleunige ich meine Schritte, und die Augen versuchen, die Milchsuppe, vermischt mit der Schwärze der Nacht, zu durchdringen – vergebens. Nur wenn ich gegen den Himmel schaue, lassen mich Schemen der Kronentraufe die hohen Fichten rechts des Weges ahnen. Aber da, für Augenblicke zieht der Nebel ab, wird es ein wenig lichter, treten die Konturen wieder etwas hervor. Meine Augen sehen das Motorrad stehen, ein Stein fällt mir vom Herzen. Ich ging zurück einen anderen Weg. Langsam und mit Vorsicht – die Sicht beträgt keine fünf Meter – fahre ich heimwärts. Im Tal löst sich der Nebel auf. Freundlich blinken die Lichter der Stadt.

Es war das Jahr, das den Wäldern großes Unheil brachte, als in jenen letzten Apriltagen der verheerende Naßschnee unaufhörlich auf die Erde niederging, sich festsetzte in dem Gezweig der Baumkronen, anwuchs zu Tonnenlasten, daß Wipfel und Schäfte wie Streichhölzer brachen, begleitet von einem unheimlichen, lauten Krachen und Niederprasseln. Der Wald schrie. Was sich danach dem Auge bot, griff ans Herz: Ein Wirrwarr gebrochener, geknickter und gebogener Bäume, der Waldboden übersät mit Wipfeln, oft senkrecht in die Erde gerammt, die Baumstümpfe zu stummer Anklage starr in den Himmel ragend. Nur mühsam bahnte sich der Fuß einen Weg durch das Chaos. Resignation und Verzweiflung warfen mich beinahe aus dem Gleichgewicht. Nichts half, als sich in das Unvermeidliche zu schicken, sich mit starken Nerven zu rüsten und das Nächstliegende zu tun. Viele, viele Helfer, nicht zuletzt auch Berufskollegen aus dem Norden, standen uns Forstleuten bei der Schneebruchberäumung hilfreich zur Seite.

Das Jahr kostete manchen Verzicht auf Freizeit. So strebte auch die Hirschbrunft ihrem Höhepunkt entgegen, ohne daß ihr Zauber für mich recht erlebbar wurde. Noch ein Jahr, vielleicht auch zwei, dann wird wieder Ruhe einkehren, tröstete ich mich und neidete den anderen Weidgenossen ihre jagdlichen Erfolge nicht.

Freitag nachmittag: Sprechzeit von vier bis sechs in der Revierförsterei; es geht zu wie in einem Taubenschlag. Viertel sieben verläßt der letzte das Dienstzimmer. Für heute reicht es mir. Eiligst suche

dal nepřetržitě těžký, mokrý sníh, který zůstával na větvích a v korunách stromů. Jeho množství narůstalo do takové zátěže, že vrcholky stromů, větve i silné kmeny se lámaly jako zápalky a s hrozivým rachotem praskajícího dřeva se řítily k zemi. To les naříkal! Pohled, který se posléze nabídl, byl žalostný: směs polámaných, vyvrácených a zohýbaných stromů, množství ulomených vršků a větví pokrývalo zem. Jako němá obžaloba čněly k obloze kmeny bez korun. Projít tímto chaosem bylo nemožné. Rezignace a zoufalství přivedlo mne málem z rovnováhy. Nic nám nepomůže. Nutno se přizpůsobit, zachovat pevné nervy a zařídit vše, co je v nejbližší době nutné. Velmi mnoho pomocníků, a v neposlední řadě kolegové ze severu byli nám nápomocni při likvidaci sněhové kalamity.

Toho roku se mnozí zřekli svého volna. Jelení říje pomalu vrcholila, pro mne však nebylo možné věnovat se lovu v této pro myslivce tak kouzelné době. Ještě jeden, snad dva roky a bude zase klid, těšil jsem se. A vůbec mi nepřišlo na mysl závidět kolegům jejich letošní lovecké zážitky a úspěchy.

Je pátek odpoledne. Porada na polesí trvá od čtyř do šesti: je to jako když střelí do holubů, poslední účastník porady opouští služební místnost nejpozději ve čtvrt na sedm. Pro dnešek to stačí. Spěšně shledávám moje lovecké rekvizity, troják přes rameno a vyjíždím. Ve třicítce je nový posed. Nejde mi ani o lov, jen na chvíli vysadit a užít klidu, ticha. Když jsem nedávno procházel tuto holinu za účelem kontroly nového zalesnění, našel jsem trus od vysoké. To je také záminka, proč jsem se rozhodl pro toto místo. Již od cesty vidím na pasece muže. Ano, je to Siegfried, mladý lesní dělník, ožínající dvouletou smrkovou kulturu. Ve volném čase si tím přivydělává. To ovšem narušuje můj plán. Přemýšlím, až konečně poslechnu svůj „vnitřní hlas" a zůstávám u původně stanoveného cíle. Objíždím porost, abych Siegfrieda vůbec nepotkal. Zde odstavuji motorku a starým porostem se blížím k protějšímu okraji, kde stojí vyhlídnutý posed.

Nyní rychle nahoru. Přes velkou paseku je nádherný rozhled. Nedaleko leží pokojná obec, v zamlžené dálce se rýsují vrcholky našich hor.

Siegfried mocně seká výhony malin a jeřábu, že harašení je slyšet až ke mně. Ouha, copak to je? Jeden, ne, dva kusy srnčího. Srnec a srna: v jejich již zimním šedohnědém odění jsou ve staré trávě dobře kryti. Hle, to je přece srnec - vidlák, se kterým jsem se již jednou seznámil. Mezi slechy toho měl málo, ale silný krk a šedou hlavu. Chybí mu jedno světlo. V říji honil divoce srnu. Jednu chvíli se postavil hezky na široko. Měl jsem již prst na spoušti, když k srně náhle přiskočil mladý šesterák a než jsem se nadál, byl ten starý vidlák pryč. Ještě jednou jsem na něho čekal, ale nepřišel a nikdy jsem ho již neviděl.

Srnec ani srna nevěnovali Siegfriedovu harašení žádnou pozornost, přestože sekání kosy bylo slyšet až u mne na horním konci paseky. Siegfried chtěl zbytek paseky dokončit. Sekal pilně, ale na štěstí se stáčel stále dolů po svahu, směrem ode mě.

Neuplynulo ani čtvrt hodiny, když jsem zpozoroval něco na vzdáleném konci paseky. Srdce se mi zastavilo. Jelen! Vidím hlavu a mohutné paroží. Dlouho jistil, až konečně vyšel na paseku. Postavil se v plné kráse mohutné postavy, nádherné hřívy, rozložitého paroží, jehož četné výsady svítili jako svíce. Pečlivě pozoruji dalekohledem stojícího jelena, abych ho posoudil. konečně mám jistotu. Je to nepravidelný korunový dvanácterák. Obě lodyhy pravidelně rostlé. Očníky, nadočníky, opěráky, na levé straně vidlice, na pravé nízko posazená koruna. Podle celkového vzezření odhaduji jeho stáří na sedm až osm let. V tomto stáří je jednostranný korunový jelen již jelenem odstřelovým. Oboustranné korunové jeleny v tomto stáří je nutno hájit. Lovnými se stávají v jedenáctém až dvanáctém roce jejich života. Uvědomuji si, jak příznivá je pro mne tato chvíle.

Vzdálenost je přibližně 120 metrů - dobrá možnost pro kulovou ránu s puš-

ich meine Jagdutensilien zusammen, hänge den Drilling um und fahre hinaus. In der „30", am Rande des großen Schlages, will ich mich auf die neue Leiter setzen, nichts als abschalten, die Ruhe genießen. Als ich neulich über die Fläche ging, um die Kulturpflegearbeiten zu kontrollieren, fand ich Rotwildlosung. Das ist der einzige, wenn auch spärliche Vorwand der Entscheidung für diesen Ort. Von der Straße aus aber sehe ich auf dem Schlag einen jungen Mann hantieren. Es wird Christfried sein, ein junger Forstarbeiter, der die vor zwei Jahren gepflanzten Fichten ausmäht und sich damit in seiner Freizeit etwas dazuverdient. Das bringt meinen Plan natürlich durcheinander. Was soll ich dort, wo schon einer ist? Ich überlege, wohin nun? Dann folge ich aber doch einer inneren Stimme und bleibe bei dem vorbestimmten Ziel. Ich fahre einen Umweg, um Christfried gar nicht erst in die Quere zu laufen, stelle das Motorrad ab, eile ein kurzes Stück durch das Altholz bis an dessen Saum, wo die Leiter steht. Nun schnell hinauf. Weit den Hang hinab bis an die Viehkoppel dehnt sich der breite Schlag. Ganz in der Nähe liegt friedlich das Dorf, und in dämmernder Ferne schwingen sanft die Höhenzüge des Gebirges. Ein herrlicher Ausblick!

Christfried haut mit der Sense kräftig drein, daß es laut kracht, wenn er Himbeer- und Vogelbeerruten niedermäht. Hoppla, was war denn das? Ein, nein, zwei Stück Rehwild, Reh und Bock. In ihrer graubraunen Winterdecke sind sie der Umgebung im fahlen Altgras gut angepaßt. Ah, das ist doch der Bock, der Gabler, mit dem ich schon einmal Bekanntschaft machte. Er hat nur wenig zwischen den Lauschern, aber einen starken Träger und ein graues Haupt. Ihm fehlt ein Auge. Zur Blattzeit trieb er ungestüm ein Reh vor sich her. Die Ansprache entschied rasch: ein Abschußbock. Einen Augenblick stellte er sich breit. Schon lag der Zeigefinger am Abzug, da sprang ein Nebenbuhler, ein junger Sechser, auf das begehrte Rehfräulein zu, und noch ehe ich's mich versah, fuhr der eifersüchtige Alte in rasender Fahrt dazwischen. Fort war der Spuk. Noch einige Male saß ich auf ihn an, doch nie mehr kam er mir zu Gesicht.

Das Rehwild nimmt von dem Störenfried Christfried überhaupt keine Notiz, obwohl das Sensengeräusch vernehmlich bis hier herauf dringt. Christfried will wohl das letzte Stück heute noch schaffen. Zum Glück kommt er nicht in meine Nähe, kehrt viel weiter unten immer wieder um.

Eine Viertelstunde mag ich so geruht haben, da

entdecke ich etwas im äußersten oberen Winkel des Schlages, das mein Herz stocken läßt. Etwas Rundes, Korbförmiges auf den ersten Blick: ein Hirsch, von dem nur Haupt und Geweih zu sehen sind. Lange sichert er, bis er endlich vollends heraustritt auf die Blöße, sich förmlich vor meinen Augen aufbaut mit seinem massigen Körper, einem mächtigen Kragen und einem edel geformten Geweih, dessen zahlreiche Enden wie Kerzen blitzen. Nun erst werde ich mir der besonderen Gunst der Stunde recht bewußt. Immer wieder setze ich das Jagdglas zur gründlichen Ansprache an die Augen. Endlich habe ich mir Gewißheit verschafft. Es ist ein ungerader Kronenzwölfer, beide Stangen zeigen in schöner Regelmäßigkeit Aug-, Eis- und Mittelsproß, dazu links eine Gabel, rechts eine tief angesetzte Krone. Das Alter schätze ich nach dem äußeren Erscheinungsbild auf sieben, acht Jahre. In diesem Alter aber ist der einseitige Kronenhirsch ein Abschußhirsch. Nur Hirsche mit beiderseitiger Krone sind zu schonen; sie werden erst mit dem elften, zwölften Lebensjahr jagdbar.

Die Entfernung mag jetzt 120 Meter betragen, ein leichtes für einen Kugelschuß mit dem Zielfernrohr. Also, was zögerst du da noch? Wann jemals kehrt eine solche Gelegenheit wieder? Doch eine andere Stimme mahnt: Bedenke die Folgen! Morgen früh stehen Leute mit Äxten im Wald, um Schneebruch aufzuarbeiten, und warten auf dich, den Förster. Wenn nun aber eine Nachsuche notwendig wird, und du hast keine Zeit? Vorläufig bleibt die Kugel im Lauf.

Dem Hirsch sind die rhythmischen Sensengeräusche scheinbar nicht ganz geheuer. Immer wieder sichert er in diese Richtung, tritt hin und her, verläßt die Nähe der schützenden Dickung nicht. Plötzlich tut er sich nieder. Im hohen Altgras ist nur noch das Geweih zu sehen, das sich sanft hin und her bewegt. Nicht lange, und er wird wieder hoch, steht unbeweglich wie aus Erz gegossen. Ein Bild des Stolzes und der Kraft! Wo kommt er her, wo will er hin? Kurz vor Kriegsende schoß da unten auf dem „Staudland", wo damals statt Weidegras die Feldfrüchte der Kleinbauern gediehen, der Schloßherr den letzten starken Hirsch, oder auch seinen letzten. Wohl wurde seither in diesem Revier hin und wieder ein Stück Kahlwild, wenn es hoch kam, ein schwacher Hirsch, erlegt. Die „alten Herrn" aber blieben in den großen, höher gelegenen Waldgebieten, den Grenzwäldern, wo sie angestammt und vor Störenfrieden sicher waren. Ich selbst habe in meinem Jägerleben nicht mehr achtbare Hirsche gestreckt, wie

kohledem. Tak proč otálíš, kdy se ti naskytne zase taková příležitost? Jiný hlas mne však varuje: Uvědom si možné následky! Zítra ráno budou na tebe, na lesníka, čekat v lese dřevorubci pracující na likvidaci polomů a ty nebudeš mít na případný dosled čas.

Ne, raději střílet nebudu!

Jelen se držel stále v blízkosti ochranné houštiny a se zdviženou hlavou jistil do směru, odkud přicházely rytmické zvuky sekající kosy. Náhle zalehl a z vysoké staré trávy vyčnívají jen do stran kývající se parohy. Ne však na dlouho. Opět vstává a jako ulitý stojí bez hnutí. Je to obraz přirozené krásy a mohutnosti. Odkud asi přišel a kam má namířeno?

Poslední silný jelen zde byl uloven těsně před koncem války. Střelil ho zámecký pán na polích, která byla ještě tenkrát obhospodařována. Dnes jsou to pastviny. Od těch dob byl v tomto revíru občas uloven kus holé jelení zvěře nebo slabý jelen. Ti „staří pánové" zůstávali ve výše položených oblastech pohraničních lesů. Zde měli svoje stanoviště a potřebný klid. Dalo by se spočítat na prstech jedné ruky, kolik jelenů jsem ulovil za můj dosavadní lovecký život. Za chvíli se bude šeřit. Kdyby ten tam dole přestal s tím rámusem! Vždyť na to ani pořádně nevidí a konečně zítra je taky den.

Ale kde je ten jelen? Že by odešel? Dalekohledem ohledávám terén. Již dvakrát ulehl, jako by mi chtěl říci: „Já mám čas". Již je čtvrt na devět a za chvíli se pro tmu nedá střílet. Náhle pozoruji prudký pohyb a jelen opět stojí. Otáčí ušlechtilou hlavu a jistí do stran. Konečně se dává do pohybu. Míří vlevo ode mě, zrychluje krok, jako by chtěl co nejdříve dosáhnout ochrany lesa. Troják nasazen v rameni, odjištěno s napínáčkem, sleduji jelena. Stále nemám možnost jisté rány. Krátce, ostře hvízdnu. Jelen se zastaví a hledí směrem ke mě. Hrot puškohledu se ustálil na středu listu /lopatky/ a vzápětí třeskla rána. Zasažen, vydává se dlouhým, mohutným skokem na poslední stopu. Za mnou to láme a rachotí, avšak jen co by srdce párkrát zabušilo. Nastalo úplné ticho. Naslouchám s otevřenými ústy. Náhle slyším za sebou cizí, nezvyklé zvuky, harašení. Napadá mě. Jelen se zvedl a odchází. Na těle mi naskakuje husí kůže, sedím ochromen, ohníček cigarety se roztančil v třesoucích se prstech. V zápětí si uvědomuji, že tyto zvuky nepřicházejí z lesa za mnou, nýbrž ze spodní části paseky. Strach a napětí se rozplynulo, když se objevil Siegfried, který se proplížil za hlasitého lámání a harašení houštinou na pokraji paseky. Ulevuji si „Ty jsi mi dal!.". „Však ty jsi mě také tou ránou pěkně vylekal", ohrazuje se Siegfried. Slézám opatrně z posedu. Tak nyní ho půjdeme hledat, ten nemohl jít daleko. Ještě rozrušen, nic nevidím, klopýtaje dostal jsem se poněkud níže ze svahu. „Už ho mám, tady leží!". Ozvalo se shora osvobozující volání. Za několik okamžiků stál jsem s kloboukem v ruce, zamyšlen nad mým dobře střeleným jelenem.

„Lovu zdar", přál mi Siegfried podávaje mi ruku. „Já jsem ho ucítil a podle toho jsem za ním šel". „Abych pravdu řekl, pořádně jsem se ulekl, když jsem ho uviděl. Takový silný jelen, to bych ani nemyslel". Žertem mu říkám: „Za to „Lovu zdar" bych měl vlastně poděkovat já tobě. Kdybys tam tak dlouho tou kosou nemlátil....?"

„Ale nyní do práce, musíme jelena dotáhnout k cestě. Prosím tě, pomoz mi". Každý uchopil jeden běh a táhli jsme jelena kousek po kousku přes pařezy a kameny po svahu dolů. Konečně jsme to dokázali. Zpocení na celém těle utíráme si pot s čela.

Siegfried střežil jelena, zatím co já jsem jel do vsi. Když jsem přijal několik přání „Lovu zdar" a požádal pana řeznického mistra o laskavost, aby jelena přivezl, vraceli jsme se zpět.

Chudák Siegfried musel dlouho čekat, než jsme se k němu vrátili. Ve čtyřech jsme pracně naložili jelena na valník. Potom již konečně visel jelen v řeznické díl-

Finger an einer Hand sind.

Allmählich wird es dämmrig. Wenn nur der da unten endlich aufhören würde mit dem Radau. Er kann doch fast nichts mehr sehen, und morgen ist auch noch ein Tag. Aber wo ist denn der Hirsch? Verschwunden? Mit dem Glas suche ich das Gelände ab. Zum zweiten Mal hat er sich niedergetan, als wollte er mir damit demonstrieren: Ich habe Zeit! Inzwischen ist es schon viertel nach acht, Sommerzeit, und rasch schwindet das Büchsenlicht. Ein Ruck, und der „Klotz" steht wieder auf den Läufen, wendet das edle Haupt sichernd hin und her. Endlich setzt er sich langsam in Bewegung, halblinks auf mich zu. Noch einmal verhofft er zwischen Hirschholunderbüschen, daß er meinen Blicken entschwindet. Jetzt weiter, in immer schärferem Tempo. Eiligst sucht er das schützende Altholz zu erreichen. Ich habe den Drilling im Anschlag, entsichert und gestochen, gehe mit — doch immer noch zu unsicher ist mir der Schuß. Ein scharfer Pfiff, der Hirsch verhofft, äugt zu mir hin. Der Zielstachel steht ruhig mitten auf dem Blatt, da peitscht der Schuß hinaus ... Mit weitausgreifenden Fluchten geht der Getroffene auf seine Todesfahrt. Hinter mir bricht und poltert es, wohl ein paar Herzschläge lang, dann ist es plötzlich wieder still. Ich lausche weiter gespannt mit offenem Mund. Da vernimmt das Ohr Laute, die es noch nie gehört, unheimlich, schaurig. Über den Rücken läuft mir kalt die Gänsehaut. Ich sitze wie gelähmt. Der glühende Funke der Zigarette zittert leicht zwischen den Fingern. Christfried, der den schmalen Weg am Bestandesrand heraufgeschlichen kommt, löst den Bann. „Ach, du bist es", kommt es von unten, als ich mich zu erkennen gebe. „Du hast mir einen schönen Schrecken eingejagt!" sagt er noch ganz aufgeregt. Vorsichtig steige ich die Leiter herab. „So, nun wollen wir ihn suchen, weit kann er nicht gekommen sein." Mehr verrate ich nicht.

Die Dunkelheit im Altholz gewährt kaum noch Sicht. Angestrengt suchen wir beide hin und her. Ich bin noch immer innerlich erregt und merke gar nicht, wie ich stolpernd viel zu weit den Hang hinab gerate. „Ich habe ihn, hier liegt er!" kommt es plötzlich erlösend von weiter oben. Dann stehe ich, ein paar Sekunden entblößten Hauptes in schweigender Andacht, vor meinem sauber gestreckten Hirsch.

„Weidmannsheil!" sagt Christfried und reicht mir die Hand. „Es roch auf einmal so", berichtet er, „da ging ich darauf zu. Richtig erschrocken bin ich, als ich plötzlich vor ihm stand. Und so ein starker Hirsch, das hätte ich nicht gedacht." Scherzhaft sage ich zu ihm: „Vielleicht habe ich das Weidmannsheil allein dir zu verdanken. Hättest du nicht so lange die Sense geschwungen ... Aber nun beginnt erst die Arbeit. Wir müssen den Hirsch hinunterschleifen an den Weg, bitte faß' mal mit an." Mit je einer Stange fest im Griff geht es Stück für Stück mit der schweren Last über Stock und Stein den Hang hinab. Endlich haben wir es geschafft. Wir dampfen am ganzen Körper und wischen uns den Schweiß von der Stirn.

Christfried hält dem Hirsch die Totenwacht, während ich ins Dorf fahre, das seltene Weidmannsheil verkünde und den Fleischermeister um die Gefälligkeit bitte, den Hirsch hereinzuholen.

Der brave Christfried hat lange warten müssen, bis wir mit dem Fahrzeug zurück sind. Zu viert wuchten wir den schweren Wildkörper auf den Hänger. Dann endlich hängt der Hirsch, aufgebrochen und mit dem „letzten Bissen" versehen, im Schlachthaus der Fleischerei.

Um Mitternacht falle ich erschöpft ins Bett. War das ein Tag! Das Erlebnis zieht noch einmal an mir vorüber. Während sich mancher die Haxen wundläuft nach einem guten Hirsch, fällt mir das Weidmannsheil so nebenbei, so leicht und mühelos in den Schoß. Dusel nennt man das. Man könnte auch sagen: ausgleichende Gerechtigkeit für manchen Verzicht in diesem sorgenvollen Jahr.

Bei Vollmond

Der November machte mit Stürmen, Schnee- und Graupelschauern seinem Namen alle Ehre. Dazu herrschte tagelang dichter Nebel bei Temperaturen in Gefrierpunktnähe, daß sich Rauhreif bildete am Gezweig der Baumkronen, anwuchs zu bedrohlicher Last. Ein unheimliches Rascheln, Knistern, Klimpern und Knacken ging durch den Wald. Mancher Wipfel brach und fiel prasselnd zu Boden.

Nun will uns der Dezember aussöhnen mit milden, frühlingshaften Tagen. Warm scheint mittags die Sonne; sie vermag selbst die Bienen noch einmal ins Freie zu locken. Eine eigenartige Stimmung liegt in dieser stillen, späten Jahreszeit über Wald und Flur. Dunkel heben sich die Äcker ab vom Grau und Rehbraun der Wiesen und Weiden. Am Grün der Fichten, der Farbe der Hoffnung, labt sich das Auge jetzt mehr als in der sommerlichen Jahreszeit. Es riecht nach Erde, moderndem Laub, nach Harz und Nadeln. Immer kürzer werden die Tage. Schon am frühen Nachmittag sinkt der rote Sonnenball hinter den Horizont. Der Abendhimmel färbt sich rosarot, und für kurze Zeit geht ein verklärendes Leuchten

ně na zvedáku, vyrušen a opatřen posledním hryzem.

Byla půlnoc, když jsem se dostal do postele. To byl den! V mysli se mi vrací celý dnešní zážitek. Co se mnozí kolegové nachodí a načekají, aby ulovili dobrého jelena! A mně jen tak bez námahy, lehce spadne „Lovu zdar" do klína. Říká se tomu nezasloužené štěstí. Je možno také říci: V tomto roce, plném starostí, může spravedlnost udělat výjimku.

Za úplňku

Častými vichřicemi, sněhovými a kroupovými přeháňkami vyznamenával se letos měsíc listopad. K tomu ještě panovala denně hustá mlha. Teploty klesaly k bodu mrazu. Ve větvích v korunách stromů narůstala jinovatka někde až do hrozivého množství a váhy. Lesem bylo slyšet neobvyklé praskání a šumění jinovatkou obalených větví. Mnohý vršek se pod tíhou jinovatky ulomil a s praskotem se řítil k zemi.

Jako by chtěl prosinec vše napravit, zavládly slunečné, milé, téměř jarní dny, jako by chtěly i včelky z úlů vylákat. Zvláštní nálada panuje v tomto tichém pozdním ročním období v lesích i na polích. Tmavě se odráží oraniště od zašedlých luk a pastvin. Jen zeleň smrků, barva to naděje, připomíná živorodé dny léta. Vše cítit zemí, tlejícím listím, pryskyřicí a jehličím. Dny se krátí a již za časného odpoledne ukrývá se slunce za obzorem. Večerní obloha se barví do růžova. Den rychle uhasíná a nad unavenou zemí sklánějí se sametová křídla noci. Vychází velký a krásný měsíc.

V mrazivých nocích nerad vycházím, ale dnes je úplněk, vzduch je příjemný a světlo jako ve dne. Láká mě to vyrazit na lov vysoké nebo černé zvěře, zejména tam na tom osamělém, měsícem zalitém poli. Když vycházím z domova, stojí měsíc vysoko na obloze. Jedu na motorce až na křižovatku, kde pod lípou stojí památný kámen lesníků. Ticho vládne vůkol, daleko široko ani človíčka, jen já zde sám. Prožívám zvláštní kouzlo těchto chvil. Z tohoto zamyšlení mne vytrhuje sýčkovo zavolání. Tiše šoulám úzkou travnatou cestou, smrkovým lesem ve směru k oraništi. V lesknoucím se měsíčním světle mám to rozsáhlé oraniště jako na dlani. V dálce blikají nějaká světélka. Dalekohledem prohlížím rozlehlou plochu oraniště sem a tam. Na této tmavé ploše, i za měsíčního světla by byla zvěř pouhým okem špatně viditelná. Pátrám důkladně, ale nikde ani živáčka. Náhle se opět ozve sýček. Tím jeho dutým hlasem křičí jako bláznivý. Okrajovou brázdou rozlehlého pole šoulám k malému selskému lesíku uprostřed pole, o kterém vím z mých denních pochůzek. Jen několik minut šoulačky a budu v dobrém krytu smrkové houštiny s dobrým výhledem na celé pole. Náhle však rachot a praskot větví, až jsem se ulekl. Tři kusy holé jelení zvěře, zalehlé v lesíku, nyní kolem mne, vyjeveného, pádily směrem k lesu.

Od kraje tohoto malého porostu - lesíka - opět prohlížím strniště bývalé louky, kde černá ráda buchtuje. Tento malý kousek země již dlouho nezažil kosu, neobjevili se za ranní rosy sekáči. Stal se z něho úhor, který záhy ovládly olše, břízy a vrby. V nedalekém údolí bublal potůček. Tuto bažinatou louku musím přejít, abych na okraji protilehlého lesa měl opět pevnou půdu pod nohama. Hezky mi to čvachtalo.

V hustém porostu mívál před lety stanoviště srnec s tužkovitě slabými lodyhami. Co mu chybělo mezi slechy, bylo mu dáno na opatrnosti a úzkočnosti. Často jsem na něj čekal, poslouchaje v dálce volajícího chřástala. Ten srnec byl snad obrněn proti prachu a olovu. Prokázal-li mě tu čest, že v posledním přítmí vyšel z podrostu nebo z vysokého žita na úzký pruh louky, místo velkého úleku, jako by se na něho vypálené ráně vysmíval. I ozvěna zněla mi jako výsměch.

Na okraji lesa, ve stínu stromů, jsem se zdržel poněkud déle. Pohledem na über die müde Erde hin. Rasch verlöscht der Tag, und auf samtenen Flügeln senkt sich die Nacht hernieder. Groß, rund und schön steigt der Mond herauf.

Bei knackendem Frost schlage ich mir nicht gern die Nächte zähneklappernd um die Ohren. Aber heute ist Vollmond, die Luft weich und mild und die Nacht taghell. Es zieht mich zur Jagd auf Rotwild oder Sauen hinaus auf die einsame Flur. Als ich aufbreche, steht der alte Mond schon hoch am Himmel. Mit dem Motorrad fahre ich bis zum „Clemensstein", einem Förstergedenkstein an einem Wegekreuz, beschirmt von einem Lindenbaum. Stille herrscht hier draußen, und ich der einzige Mensch weit und breit. Ich genieße den Zauber dieser Stunde. Das „Kuwitt, kuwitt" des Käuzchens löst mich aus der Versponnenheit meiner Gedanken. Leise pirsche ich durch ein Fichtenbaumholz auf schmalem Rasenweg hinaus auf die Flur. Im gleißenden Mondlicht liegt die Landschaft vor mir ausgebreitet. In der Ferne blinken Lichter. Mit dem Glas suche ich die weite Fläche ab, hin und her. Selbst auf den dunklen Äckern wäre bei dieser Helligkeit Wild zu erkennen. Aber kein Lebewesen ist auszumachen. Plötzlich quiekt der Waldkauz auf wie närrisch, heult gleich darauf wieder dumpf und hohl. — „Verrückter Kerl!" — In der Randfurche des großen Ackers pirsche ich auf das kleine Bauernwäldchen zu. Es ist in wenigen Minuten zu umgehen. In der Mitte liegt eine winzig kleine Fichtendickung. Daran ging ich am Tage einmal vorbei, da brach und polterte es, daß ich erschrak. Drei Stück Kahlwild hatten sich hier eingeschoben, flüchteten, durch mich locker gemacht, über das freie Feld dem Walde zu.

An der Kante des kleinen Gehölzes verweile ich wieder, leuchte die Stoppel ab, wo gern die Sauen brechen. Doch auch hier regt sich nichts. Nicht weit, in der Senke, gluckst der Bach. Keine Sense zischt mehr durch die sumpfigen Wiesen im Morgentau. Längst haben die Bauern die Bewirtschaftung aufgegeben; ein Stück Öde ist entstanden, darauf bereits Erlen, Birken und Weiden Fuß faßten und ihr Areal zu erobern begannen. Diese Gras- und Sumpfwildnis muß ich jetzt durchqueren. Unter den Gummistiefeln quillt und brodelt es. Am jenseitigen Waldstück, einem durchbrochenen, arg zerzausten Fichtenaltholz, habe ich wieder festen Boden unter den Füßen.

Im dichten Unterholz stand vor Jahren ein Bock, knallrot, mit bleistiftdünnen Stangenstümpfen. Was ihm zwischen den Lauschern fehlte, das machte er durch Vorsicht und Schläue wett. Oft saß ich auf ihn an, während weit draußen im Feld die Wiesenralle schnarrte. Doch der Bock war scheinbar gefeit gegen Pulver und Blei. Erwies er mir die Gunst und zog im letzten Büchsenlicht heimlich aus dem dichten Unterholz oder dem hohen Korn hinaus auf den schmalen Wiesenstreifen, folgte dem Schuß stets sein heiseres Schrecken, das mir wie Hohngelächter in den Ohren klang.

Am Waldrand, im Schatten der Bäume, verweile ich lange. Ein Stück Rehwild, das auf der Stoppel äst, vertreibt mir ein wenig die Zeit. Immer wieder setze ich das Glas an die Augen, suche das Gelände ab. Ist nicht dort und dort ein schwarzes Etwas? Ich behalte es lange im Blick, doch es bewegt sich nicht. Trugbilder narren mich. Langsam verrinnt die Zeit. In der Geschäftigkeit des Tages ist sie oft allzu flüchtig. Ich pirsche weiter entlang der Grenzlinie zwischen Acker und Stoppel und nähere mich dem Weg, der nach dem Bergstädtchen hinüberführt. Er bildet die Jagdgebietsgrenze. Vom Nachbarjagdgebiet mit ruhigen Tageseinständen wechselt das Wild gern des Nachts auf die diesseitigen weiten Fluren. Und jenseits, dicht an der Grenze, habe ich jetzt drei Stück Rotwild im Blickfeld des Jagdglases. Scheinbar Alttier, Schmaltier und Kalb, ein häufig anzutreffender Familienverband. Sie äsen vertraut auf der Koppel. Ganz in der Nähe, an einer ausgedienten Sandgrube, steht im Buschwerk versteckt eine Kanzel. Warum sitzt dort keiner in einer solch hellen Nacht? Für mich ist das Nachbarjagdgebiet tabu. Aber ich kann warten. Vielleicht ist es für den Trupp Rotwild dort drüben nur ein kleiner Zwischenaufenthalt, um dann weiter herüberzuwechseln.

Doch was war das eben? Ein klapperndes Geräusch! Stille. Jetzt wieder, mehrmals hintereinander, dazwischen eigenartige Laute. Es hört sich an, als säße ein Tier in einer Falle und versuche, sich klagend daraus zu befreien. Ich habe keine andere plausible Erklärung für diese eigenartigen Laute. Die Richtung läßt sich eindeutig bestimmen: nach der alten Sandgrube zu. Sie ist vollgestopft mit Unrat und Abfall – eine wilde Mülldeponie. Ich überlege, ob ich in diesem Fall nicht die Jagdgebietsgrenze überschreiten soll. Noch ein Weilchen warte ich, dann laufe ich los, beschleunige meine Schritte. Das Rotwild ist inzwischen verschwunden. Auf dem Weg, der Grenze zum Nachbarjagdgebiet, halte ich inne, lasse den Blick über die Grube gleiten, wo alte Autowracks matt im Mondschein blinken. Alles ruht im tiefsten Frieden, kein Laut, nur der Nachthauch weht mir kalt entgegen. Plötzlich ist es wieder in der Luft,

kus pasoucího se srnčího mi čas lépe ubíhá. Nasazuji často dalekohled a obhlížím terén. Támhle je něco tmavého. Soustřeďuji pozornost, nehýbe se to. Zase jen přelud. Čas ubíhá pomalu. V denním zaměstnání, tam je tomu opačně, tam to letí. Šoulám pomalu po hranici mezi oraništěm a pokosenou loukou směrem k cestě, která vede do Horního městečka a tvoří hranici mezi naším a sousedním revírem. Zvěř žádné hranice nezná a klidně přechází ve dne i v noci na pole v naší honitbě, kde má lepší pastvu. Právě teď zjišťuji dalekohledem tři kusy vysoké těsně u hranic ve vedlejší honitbě. Pravděpodobně laň, laňka a kolouch jak je často vidět takovou rodinnou skupinku. Docela bezstarostně berou paši. Nedaleko staré opuštěné pískovny v houštině je postaven posed. Divím se, proč tam za takové jasné noci nikdo ze sousedů nesedí. Já střílet nemohu, jsou u sousedů. Ale což, počkám si. Možná že se na chvíli pozdržely a později přejdou jako obvykle do naší honitby.

Avšak, co to? Do ticha noci se ozve náhle nějaký přerývavý zvuk. Poslouchám - ticho, nic. V zápětí však znovu a znovu se ozývají tyto zvláštní zvuky. Připadá mi, jako by nějaké zvíře padlo do pasti, či jiné situace, ze které se snaží s naříkáním vyprostit. Nemám jiné vysvětlení pro tyto zvláštní naříkavé a rachotivé zvuky. Tyto zvláštní zvuky přicházejí jasně od opuštěné pískovny, která je naplněna starým haraburdím a odpady - divoká skládka. Znovu naslouchám - nic - ticho. Přemýšlím, zda v tomto případě mám překročit hranice cizího revíru. Skupinka vysoké již zmizela. Chviličku rozvažuji, a pak se rozbíhám rychlými kroky. Na hraniční silnici mezi revíry se zastavuji a hledím do staré pískovny, kde se v měsíčním světle rýsují kontury autovraků a jiného harampádí. Všechno však leží v hlubokém tichu měsíčné noci. Začal jsem pociťovat noční chlad. Náhle bylo opět slyšet to zvláštní klepání, jako by někdo klepal o sebe klacky. Nemýlil jsem se ve směru, ale ve vzdálenosti. Až k okraji lesa rozkládají se pastviny. Přibližně uprostřed se nalézá malé údolí. V minulých letech, v době jelení říje, zapletli se zde dva bojující, korunoví jeleni do ohradníkového, ostnatého drátu tak, že jej měli jako smyčku omotaný kolem hlavy a krku. Lze si domyslet, za jakého utrpení tito ubožáci zhasínali. Byl snad i tentokráte onen záludný drát příčinou zvířecí tragédie?

Šoulám opatrně blíž, jinovatka mi tiše chrastí pod nohama, až konečně mám údolí před očima. Rázem je mi všechno jasné. V měsíčním světle vidím, čtyři statné, mladé jeleny vzájemně se pošťuchující parožím. „Žertují", říkají myslivci.

Jeleni zpozorněli, chvíli větřili směrem ke mě a odcházeli k okraji lesa, kde se opět chvíli rozpustile pošťuchovali. Náhle však zmizeli, jako by je les polknul.

Stojím v úžasu nad tímto mysliveckým zážitkem. Zleva slyším zřetelně nějaké harašení a čvachtání v přerostlé trávě bažinatého prameniště, vyjmutého z obhospodařování jako pramen pitné vody. Z nedaleké louže vzlétají divoké kachny, slyším nade mnou jejich vzdalující se svištivý let. Co to však přichází, ne právě potichu, z travní houštiny? Černá - jeden, dva, tři a další táhnou za sebou po svahu nahoru. Co mám dělat? Jsem v cizím honebním revíru. Není to zvláštní situace a příležitost, jaká se právě nabízí?

Na nízkém obzoru prolákliny objevují se další a další. Ani mi nezbývá čas k počítání. Je jich snad tucet nebo ještě více. Na spojnici zpomalují, rozbíhají se a konečně začínají buchtovat - rýt. To by mohlo vyjít! Musím se však přiblížit alespoň ke studni, která je na spojnici. V plném měsíčním světle plížím se potichu, jak je to jen možné, v předklonu až k prameništi, neztrácím tlupu černé s očí. Vítr mám příznivý, prasata zatím nic podezřelého nepozorují. Konečně se podařilo. Studniční poklop skýtá mi dobrou, pevnou polohu. Vše probí-

dieses eigenartige Geklapper, als schlügen Knüppel gegeneinander. Ich habe mich zwar nicht in der Richtung, aber in der Entfernung getäuscht. Bis hinüber an den Waldrand breiten sich die Viehweiden. Etwa in der Mitte liegt ein Tal. Im vergangenen Jahr zur Hirschbrunft hatten sich hier zwei kämpfende Kronenhirsche derart im Weidedraht verstrickt, daß beide sich daraus nicht befreien konnten. Unter furchtbaren Qualen zogen sie sich den Draht wie Schlingen um Haupt und Hals und wurden nach Tagen verendet aufgefunden. Sollte der tückische Weidedraht nicht auch jetzt Ursache einer Tiertragödie sein? Ich pirsche vorsichtig näher, Reif raschelt leise unter meinen Füßen. Jetzt kann ich die Talsenke einsehen – und habe des Rätsels Lösung vor Augen. Vier massige Körper stehn wie angewurzelt im Mondlicht. Es sind junge Hirsche, die spielerisch mit den Geweihen gegeneinander schlugen, „scherzten", wie der Weidmann sagt, und dabei knörrende Laute von sich gaben. Die Hirsche haben mich weg und sichern lange nach mir hin, dann trollen sie im Gänsemarsch davon. Kurz vor dem Wald sammeln sie sich, stehen dicht beieinander und behäkeln sich noch einmal übermütig mit den Stangen, daß die Schläge hell zu mir herübertönen. Plötzlich sind sie verschwunden, der Wald hat sie verschluckt.

Noch stehe ich im Banne des gerade Erlebten. Es raschelt und schlurft deutlich zu meiner Linken im hohen Altgras des sumpfigen, von der Beweidung ausgenommenen Quellschongebietes. Wildenten steigen pakend aus einem Tümpel auf, klingeln irgendwo in den Lüften über mich hinweg. Was aber kommt da angeschlurft? Aha, ein, zwei, drei, immer mehr schwarze Körper schieben sich aus der Graswildnis heraus und ziehen, eins hinter dem andern, auf der Koppel den Hang hinauf. Schwarzwild! Was soll ich tun? Ich befinde mich im fremden Jagdgebiet. Aber ist das hier nicht eine besondere Situation und eine Gelegenheit, wie sie der Zufall fügt? Ich werde mit dem Jagdnachbarn schon ins Reine kommen.

Immer noch kommt ein Stück aus der Senke heraus, hat es eilig, den Anschluß nicht zu verpassen. Zum Zählen habe ich jetzt keine Zeit, mögen es ein Dutzend sein oder noch ein paar mehr. Auf der Koppel werden sie langsamer, laufen auseinander und fangen schließlich zu brechen an. Das könnte klappen! Aber ich muß näher heran, wenigstens bis zu dem Brunnenschrot, der auf der Koppel steht. Völlig ungedeckt im hellen Mondlicht schleiche ich, so lautlos es geht, halb gebückt, auf den Quellschrot zu, behalte dabei immer die Rotte im Auge. Der Wind steht günstig. Kein Zeichen von Argwohn ist den Sauen anzumerken. Endlich geschafft! Meiner Waffe gibt der Brunnendeckel eine sichere Auflage. Wie schwarze Klumpen nehmen sich die auf der Koppel verstreuten Wildschweine aus. Lautlos geht es zu bei ihrem Geschäft, nur ab und an vernimmt das Ohr ein leises Schmatzen. Ein auffallend schwaches Stück, mir am nächsten, stellt sich breit. Klick, macht der Stecher. Der Stachel des Zielfernrohres geht auf der vorderen Körperhälfte von oben hinein ins Schwarze. Ein leichter Fingerdruck am Abzug, und der Schuß und ein kurzes, schrilles Klagen zerreißen die Stille der Nacht. Ich sehe, wie das Wildschwein auf der Stelle zusammenbricht. Die Rotte geht flüchtig ab. Ich zünde mir eine Zigarette an, warte und fühle, wie die Spannung in mir weicht. Dann laufe ich langsam auf den Anschuß zu. Was dort liegt, schießt man nicht alle Tage. Es ist ein geschecktes Stück, hausschweinfarben mit mehreren schwarzen Flecken. Nur ein ausgewachsener Frischling? Es tut der Freude keinen Abbruch. Beim Aufbrechen spüre ich die verheerende Wirkung der Kugel. Die Hände greifen hinein in warmen Schlick. Zum gründlichen Ausschweißen ziehe ich die fünfundzwanzig Kilo Wildschwein auf den Brunnenrand. Im bereiften Gras wische ich mir die Hände sauber.

Nach einer halben Stunde bin ich mit dem Motorrad zurück. Mit einem Kälberstrick schnüre ich die Beute hinten auf dem Traggestell fest. Es heißt vorsichtig fahren über das bereifte Feld und dann weiter auf herbstnassen Wegen mit der schwankenden Last. Schaue ich in den Rückspiegel, sehe ich darin das Schweinchen immerzu mit dem Kopfe nicken. Recht besehen, habe ich das Weidmannsheil den „scherzenden" Hirschen zu verdanken.

Der gebadete Weihnachtsbaum

Früh, allzu früh stellt sich in diesem Jahr der Winter ein. Gehe ich durch das Dorf, fragen mich die Leute: Gibt es heuer wieder Weihnachtsbäume? Ich weise auf den Schnee und sage: „Wenn das so weitergeht, wird's wohl nichts werden." Das andere denke ich mir nur: „Ich habe euch verwöhnt mit ausgesuchten Bäumen, viele Jahre schon. Aber diesmal stellt euch einen Besen in die Stube oder kauft euch einen Plastebaum, damit basta."

Das Fest rückt näher. Der Dorfkonsum hat ein paar Bäume verkauft. Der Rest, dessen man sich als Angehöriger der grünen Zunft schämen möchte, steht, von keinem begehrt und beachtet, traurig am

há v tichosti, jen občas dolehne ke mně slabé zamlaskání. Jeden nápadně slabší kus je ke mně nejblíž a stojí pěkně na široko. Tiché cvaknutí napínáčku. Hrot puškohledu míří na přední část těla, od kohoutku trochu níže do „černého". Jen lehounký dotek prstu na spoušti a krátký, pronikavý třesk protrhne ticho noci. Vidím, že divočák se na místě zlomil. Tlupa černé úprkem zmizela. Zapaluji si cigaretu, čekám a cítím, jak napětí povoluje. Jdu pomalu na nástřel. Co tam nacházím, se hned tak nestřelí. Je to strakatý kus barvy domácího prasete s množstvím černých skvrn.

Je to vzrostlý lončák. Moje radost z úlovku nebere konce. Při vyrušování konstatuji ničivý účinek kule. Ruce sahají do teplého kusu. K řádnému vybarvení a odvětrání ukládám kus na studniční obrubník.

Orosenou trávou si otírám ruce. Za půl hodiny jsem na motorce opět na místě. Provazem připevňuji kus na nosič motorky. S houpajícím se nákladem jedu opatrně po zajíněném poli a podzimní vlhké silnici. Při pohledu do zpětného zrcátka se mi zdá, že prasátko pohupuje hlavou. Ve skutečnosti bych měl za dnešní „Lovu zdar" poděkovat „žertujícím" jelenům.

Vykoupaný vánoční stromek

Letos si zima hodně, hodně pospíšila. Jdu-li po vsi, ptají se mně lidé: „Budou letos zase vánoční stromky?" Poukazuji na množství sněhu a říkám: „Bude-li to takhle pokračovat, asi z toho nic nebude." V duchu si však říkám: „Již po několik let jste si zvykli na krásné vybrané stromky. Tentokrát si postavte do pokoje třeba koště a nebo si kupte stromek umělý".

Vánoce se blíží. V obecním konsumu prodali několik stromků. Zbytek, za který by se příslušníci lesáckého cechu mohli stydět, stál smutně u plotu bez povšimnutí, nikým nepožadován. Vesnice v Krušných horách a bez vánočního stromku? Jistě, mnohý občan si „nějak poradí". Oproti mému původnímu úmyslu zvítězí ve mně rozhodnutí: „I letos pro vás vánoční stromky budou!" Bude to ale práce v tom sněhu!

S těžbou vánočních stromků jsem začal v kultuře nedaleko silnice jednoho mrazivého, jasného zimního dne. Vyhledat sedmdesát či osmdesát stromků by nebyl problém, ale nyní pod kapucí sněhu jsou všechny stejné. Po kolena se brodím ve sněhu. S vyhlédnutého stromku setřásám zhruba sníh a pracně se dobývám v zmrzlém sněhu k oddenku, abych stromek uřízl co nejblíže u země. Pracně dobývám stromky ze zmrzlého sněhu, neboť spodní větve jsou v něm jako zacementovány. Deset, dvanáct kusů za hodinu, více nedokážu. Již se stmívalo, když jsem poslední stromky ukládal do okrajové houštiny porostu před nežádoucími zájemci. Po příchodu domů jsem rychle svlékl promočený oblek, nohy do teplé lázně a dovnitř jeden horký grog.

V sobotu posledního adventního týdne jede náklad vánočních stromků tažený dvěma hnědáky, přes vesnici směrem k lesovně. Za potahem jde již zástup lidí. U lesovny nestačil kočí stromky složit. Jak je shazoval, hned si je lidé rozebírali, každý chtěl ten nejhezčí. Ale nezůstal ani jeden. Ten poslední, žádná velká krása, dostal se na zákazníka, který byl nejuznalejší. Přidal ještě Marku.

Nyní se mohla v mém srdci uhostit vánoční pohoda. Všem bylo vyplněno jejich přání mít hezký vánoční stromek.

Pana doktora jsem již předem upozornil, že letos to bude těžké, ne-li nemožné, opatřit pichlavý smrk. Toto pichlavé strašidlo já sám nechci. Bez rukavic popíchá člověka do krve. Já se spokojím s obyčejným smrkem. Doktor nesměl s obyčejným smrkem přijít domů. S domácím klidem by to bylo nahnuté. A vůbec vánoční mír by byl v nebezpečí, kdyby za několik dnů za-

Zaun. Weihnachten in einem Erzgebirgsdorf ohne Weihnachtsbaum? Vielleicht greift dieser oder jener auch zur Selbsthilfe. Im Widerstreit der Gefühle ringe ich mich durch zu dem Entschluß: Sie sollen ihren Baum auch diesmal haben. Ich weiß, es wird ein Opfergang.

Die mühselige Arbeit in einer Kultur nahe der Hauptstraße beginnt an einem frostig klaren Wintertag. Siebzig bis achtzig gutgewachsene Bäume zu finden, wäre kein Problem. Doch jetzt, wo sie alle dicke Schneekapuzen tragen und einer aussieht wie der andere? Bis zu den Knien versinken die Beine im Schnee. An jedem Bäumchen, das in die engere Wahl genommen wird, rüttele und schüttele ich, um es grob von der Schneelast zu befreien. Entscheidet die Musterung für „tauglich", wühle ich mit dem Fuß den Schnee beiseite, bis ich mit der Baumsäge heran kann an das Stämmchen, dicht über dem Erdboden. Dann ein Rucken, Ziehen, Zerren, denn die untersten Äste sind im verharschten Altschnee wie einzementiert. Zehn, zwölf Stück in einer Stunde, mehr schaffe ich nicht. Als es dämmert, schleife ich die letzten Bäume heraus an den Dickungsrand. Ich achte darauf, daß sie begehrlichen Blicken verborgen bleiben. Zu Hause streife ich das klitschnasse Zeug vom Leibe, nehme ein Fußbad und kippe einen heißen Grog hinunter.

Am Samstag vor dem vierten Advent traben die zwei Braunen mit dem Führchen durch das Dorf dem Forsthaus zu. Hinten dran hängt schon ein Schwarm Leute. Und noch während Wilfried die Bäume herunterwirft, fallen sie darüber her, schnappen sich gegenseitig die besten vor der Nase weg. Nicht ein einziger Baum bleibt übrig. Auch der letzte, wahrlich kein Schönheitsideal, kommt noch an den Mann, und dieser Mann war der dankbarste Kunde: „Ich gebe Ihnen eine Mark mehr!"

Nun könnte der Weihnachtsfriede einziehen in mein Herz, bliebe nicht noch die Erfüllung eines Extrawunsches offen.

Den Doktor ließ ich vorsorglich schon wissen, es sei schwierig, wenn nicht unmöglich, ihm heuer eine Blaufichte zu besorgen. Ich selbst verzichte auf das stachlige Monstrum, das einem ohne Handschuhe die Hände blutig sticht, und begnüge mich mit einer gewöhnlichen Fichte. Doch der Doktor darf seiner Frau nicht kommen mit einer Fichte. Der Haussegen hinge schief, der Weihnachtsfriede wäre in Gefahr, würde nach ein paar Tagen der Baum die Nadeln auf den Teppich schütten. Da kommt mir Karl, ein Verwandter aus dem Dorf, zu Hilfe. Ich treffe ihn auf der Poststelle. „Karl", sage ich, „du hattest doch einen Weihnachtsbaum bestellt; ich habe einen zurückgestellt, einen großen, ungefähr zwei Meter." Karl meint, seine Kinder hätten zwar schon eine Kiefer besorgt, aber es sei ein zu kleines Bäumchen. Ich packe die Gelegenheit beim Schopfe und schlage ihm einen Tausch vor. Fichte gegen Kiefer. Karl willigt ein. Der Doktor wollte ausdrücklich ein kleines Bäumchen. Auch eine Kiefer würde ihm recht sein.

Die Kiefer ist gut gewachsen und schön dicht benadelt. Sie wird dem Doktor gefallen. Ich stelle sie im Schuppen in das Kohlenfach. Abends hole ich Heizung aus dem Schuppen, lese Briketts in den Eimer. Dabei fährt mir ein übler Geruch in die Nase. Ich schnuppere hierhin, winde dahin. Ist es am Ende gar der Baum? Ich gehe ganz dicht heran. Ja, tatsächlich, die Kiefer riecht penetrant, sie stinkt geradezu. Zunichte ist mein schöner Plan. Was soll nun werden? Ich rufe meine Frau. Zwei Nasen schnuppern. Ich meine, es riecht nach Ochsenstall. Zwei oder drei Ochsen stehen ja auch tatsächlich in Karls Stall. Meine Frau formuliert ihre Empfindungen weitaus drastischer: „Da hat jemand einen Nachttopf darübergekippt!" Sei es wie es sei, der Baum ist untauglich als Christbaum. Zum Glück habe ich noch eine kleine Fichte in Reserve. Sie wird wohl wenigstens über Weihnachten die Nadeln halten.

Am nächsten Tag kommt mir eine Idee. Ich fülle eine Gießkanne mit warmen Wasser, da hinein kommt ein gehöriger Schwupp Schaumbad, stark duftend. Ich stelle den Baum in den Schnee und nehme ihn unter die Brause. Er ist eingehüllt in dichtflockigen Schaum. Nun schnell mit zwei Gießkannen voll klarem, kaltem Wasser nachgespült. Bei den herrschenden Minusgraden bilden sich im Handumdrehen kristallene Tröpfchen und Zäpfchen an den Zweigen, ein wunderschöner Baumschmuck, der leider nicht von Dauer ist. Meine hochbetagte Mutter sagt, als sie mich experimentieren sieht: „Du hättest Kiefernnadelbadeextrakt nehmen sollen, ich habe davon noch eine ganze Flasche. Dann würde es sogar echt nach Wald duften." Sie hat recht – daß ich nicht selbst drauf gekommen bin.

Ich stelle die Kiefer ins Waschhaus, die Ersatzfichte gleich dazu. Der Doktor kann wählen. Ich bin neugierig, wie die Badekur angeschlagen hat, und inspiziere mehrmals den Raum, rieche an dem Baum. Doch stets schlägt mir der gleiche starke Schaumbadduft entgegen, vielleicht ein bißchen zu

čalo z vánočního stromku padat jehličí na koberec.

Tu mi přišel vhod můj příbuzný Karel. Potkal jsem ho na poště a říkám: „Karle, ty jsi u mne objednal vánoční stromek. Dal jsem pro tebe jeden stranou, pěkný dvoumetrový." Karel míní, děti si již obstaraly borovičku, ale je to malý stromek. Chápu se příležitosti a navrhuji Karlovy výměnu. Smrk za borovici. Karel souhlasí. Doktor chtěl výslovně malý stromek, takže s borovicí by mohl být spokojen.

Borovička je dobře rostlá, s pěkným, hustým jehličím. Ta se určitě bude líbit. Stavím ji prozatím do dřevníku, kde mám uloženo také uhlí.

Večer jdu do dřevníku pro palivo, plním kbelík uhlím a stále cítím nějaký nepříjemný zápach. Čichám sem i tam, až mi napadá: není to snad ten stromek? Čichám blíže a skutečně - ta borovice strašně zapáchá. Můj plán s vánočním stromkem a doktorem se zhroutil. Co budu nyní dělat?! Volám svojí paní. Dva nosy cítí více. „Ten pach mi připadá jako ze stáje", konstatuji. Moje paní prohlásila rezolutně: „Na stromek někdo vylil nočník!" Nevylil vždyť Karel má ve stáji, kde měl borovici uloženou, tři kusy hovězího. Co dělat, v tomhle stavu nemůže borovice sloužit jako vánoční stromek. Na štěstí mám ještě v rezervě malý smrk. Je čerstvě uříznutý, mohl by přes těch několik vánočních svátků jehličí udržet.

Druhý den jsem dostal nápad. Naplnil jsem kropící konev teplou vodou a přidal láhev silně vonící koupací pěny. Borovici jsem postavil do sněhu a v okamžiku byla obalena hustou pěnou. Nyní rychle konev za konví čisté studené vody a znovu borovici sprchuji. Je mráz a na větvích se tvoří nádherné krystaly a střechýlky ledu. Krásná ozdoba, bohužel dlouho nevydrží. Moje maminka, když viděla moje experimentování, na mě volá: Měl jsi použít extrakt s vůní borovice, mám ho v koupelně celou láhev. „Má pravdu, že mě to hned nenapadlo! Postavil jsem borovici v koupelně do vany a vydatně kropil extraktem s vůní borovice. Spotřeboval jsem láhev, která měla vystačit na dvě vany. Několikrát během dne chodím a kontroluji vůni v koupelně. Voní to lesem, i když trochu vydatněji. Jen aby ta vůně vydržela, až postaví borovici do pokoje a nevrátila se ta „původní", stájová.

Již se ozývá telefon. Hlásí se doktor: „Jak to vypadá se stromkem?" Dobře!, odpovídám: „Můžete si vybrat borovici nebo smrk. Jen vás musím upozornit, ta borovice byla cítit stájí, tak jsem ji navoněl koupací pěnou. Voní příjemně, jen jestli to vydrží, až ji postavíte do pokoje. V nejhorším je zde ještě ten smrk." Musím se smát, když slyším doktorovu poznámku: „Moment, zeptám se manželky, co by raději, vůni stáje nebo lesa. „Vůně stáje by byla něco zvláštního, konečně - Ježíšek se stejně narodil ve stáji. Zítra si přijdu pro ten strom. Děkuji vám za námahu."

Ta koupací procedura musela být i přes moje obavy velmi kvalitní, neboť jak mi později doktor sdělil, celá rodina měla radost z toho krásného, vonícího vánočního stromku.

Liška bez oháňky

Holé koruny listnáčů ční proti šedé obloze. Jen na dubech drží houževnatě pevné zhnědlé listí. Ve větru je slyšet jeho chřestění a jemné klapání. Všude vládne vlhko, den je ztemnělý mlhou.

S úpatí zalesněného kopce, čnějícího na okraji obce, přehlížím pole ležící jako odumřelé v ztemnělém listopadovém dnu. Nikde ani hlásku, ani známek života. Takový klid bych si přál mít v létě, kdy na polích rachotí traktory do pozdních hodin, jako by nemínily vůbec končit, nebo veselící se mládež ve večerní době, či chovatel králíků, který ještě v nevhodnou dobu vyhledává trsy pampelišek. Zlobím se nad zmařeným čekáním, a přece nemohu proti těmto rušitelům večerního klidu pranic dělat.

Právě chci pokračovat v cestě do lesa, když spatřuji něco živého. Tam v pro-

intensiv. Die Dosis reichte für zwei Badewannen. Das Experiment scheint geglückt. Doch Zweifel bleiben. Wenn nun der Baum in die Stubenwärme kommt und der alte „Duft" wieder durchdringt? ...

Und schon meldet sich der Doktor am Telefon: „Hat es noch geklappt mit einem Baum?" Er sagt unverfänglich Baum. „Ja", sage ich, „Sie haben von zweien die Wahl. Eine Kiefer oder Fichte. Nur muß ich Ihnen die Wahrheit sagen. Die Kiefer roch wie nach Ochsenstall, da kam mir der Gedanke, sie einem Schaumbad zu unterziehen. Sie duftet jetzt zwar angenehm, aber ob es anhält, weiß ich nicht. Zur Not tut's auch die Fichte. Sie ist ganz frisch geschnitten." Ich vernehme schallendes Gelächter, dann seine Bemerkung: „Ich werde meine Frau fragen, was sie lieber möchte: Ochsenstall- oder Waldesduft? Ochsenstallduft wäre doch mal was anderes, und das Christkind ist doch auch in einem Stall geboren. Ich komme morgen und hole den Baum. Vielen Dank für Ihre Bemühungen."

Der Doktor entschied sich für die Kiefer, nachdem er sich überzeugt hatte, daß nichts „Anrüchiges" mehr an ihr war.

Die Badekur muß entgegen meinen Befürchtungen doch sehr nachhaltig gewesen sein, denn wie mir der Doktor später berichtete, habe sich die Familie sehr gefreut über den schönen, wohlriechenden Weihnachtsbaum.

Der Fuchs mit der Stummellunte

Kahl stehen die Laubbäume gegen den grauen Himmel. Nur an den Eichen sitzen die Blätter noch zäh und fest, braun und ledern; es raschelt und klappert, wenn der Wind sie bewegt. Nebel verdüstert den Tag, überall tropft Nässe.

Vom betrauften Rand des bewaldeten Hufenbergs, der sich am Rande des Dorfes wie ein Wahrzeichen erhebt, blicke ich hinaus auf die Flur. Alles liegt wie erstorben im trüben Novemberlicht. Kein Laut, kein Lebewesen. Im Sommer wünsche ich mir diese Stille herbei, wenn zu später Stunde noch Traktoren auf den Feldern rattern und nicht ans Aufhören denken oder Jugendliche die Geländegängigkeit ihrer Feuerstühle erproben oder einer zur Unzeit arglos noch Löwenzahnblätter für seine Karnickel rupft. Ich ärgere mich dann über den vermasselten Ansitz und kann doch nichts gegenüber solchen Störenfrieden tun.

Gerade will ich meinen Weg fortsetzen, hinein in den Wald, erspähe ich doch noch etwas Lebendiges, dort in der Senke am Teich, wo ein Stück feuchtes

Wiesenland eine kleine Insel bildet inmitten großer Ackerflächen. Eigenartig: Farbe wie ein Fuchs, schnürt auch wie ein Fuchs, doch es fehlt der Luntenschweif, daher wirkt es hochbeinig wie ein Hund. Ich beobachte lange das seltsame Tier mit dem Stummelschwanz, rätsele hin und her, bis es plötzlich in der Randfurche des Ackers verschwunden ist. Es war doch nur ein Fuchs, sage ich mir; die Lunte hat er irgendwie eingebüßt. Dann beeile ich mich, meine Arbeit zu tun, denn kurz ist der Nachmittag.

Konnte ich ahnen, daß gerade dieser gezeichnete Fuchs schon bald von sich reden machen würde und dabei auch mir eine Rolle zufallen sollte?

Es geht auf Weihnachten zu, da treibt ein Fuchs sein Unwesen im Dorf. Ohne die jedem Wildtier angeborene Scheu erscheint er am hellichten Tag an Haus und Hof und mordet Hühner, Enten, Gänse, alles, was er erwischen kann. Nicht wie der schlaue Freibeuter benimmt er sich, der, jede Deckung nutzend, sein Opfer anschleicht, zufaßt in federndem Sprung und sich dann schnellstens davonstiehlt. Nein, er kommt frei dahergelaufen, sitzt vor dem Bauernhaus mitten unter dem Hühnervolk, das stumm mit langen Hälsen den seltenen Gast bestaunt. Als er dann seine wahren Absichten erkennen läßt, kommt jede Hilfe zu spät. Längst ist er wieder verschwunden. Zurück bleiben mehrere der legeträchtigen Hennen mit abgebissenen Köpfen. Ein paar Gehöfte weiter schnürt er inzwischen seelenruhig am Zaun entlang, späht um die Scheunenecke, hält nach neuen Opfern Ausschau, deren zwei Dutzend schon zu beklagen sind.

Sein unverhofftes Auftauchen zu allen Tageszeiten, seine Mordlust, seine geringe Scheu versetzen die Dorfbevölkerung in Angst und Unsicherheit. Alles schaut auf mich, den Einzigen, der Abhilfe schaffen kann, ja schaffen muß.

An einem Tag nach Weihnachten unterhalte ich mich vor meinem Haus mit meinem Nachbarn. Kein anderes Thema liegt dem Gespräch zugrunde als der mordende Fuchs, dessen ungewöhnliches Verhalten der Tollwut höchst verdächtig erscheint. Mitten in der Unterhaltung will es uns die Sprache versetzen. In Schrotschußentfernung kommt eben dieser Fuchs auf der Wiese dahergelaufen, verfolgt von Walter, einem Bauern aus dem Oberdorf, mit einem Knüppel bewaffnet. „Ich verfolge ihn schon fast eine Stunde. Hol schnell die Flinte!" ruft er uns zu. Ja, die Flinte! Jetzt geht es um Sekunden: Waffenschrankschlüssel, Doppelflinte, Schrotmunition, Jacke, Stiefel und nichts wie ihm hinterher.

láklině u rybníka, kde malý kousek vlhké louky tvoří malý ostrůvek uprostřed velkého oraniště. Zajímavé: barva jako liška, táhne jako liška, ale oháňka chybí, což by zase ukazovalo na psa. Dlouho pozoruji toto zvláštní zvíře s chybějící oháňkou, až náhle zmizelo v hluboké okrajové brázdě oraniště. Byla to určitě liška, utvrzuji se, a nemyslím více na tuto záležitost, spěchám za prací, neboť odpoledna jsou již krátká.

Mohl jsem nyní tušit, že tento poznamenaný lišák dá o sobě brzy vědět, a že mně v tom případně úloha?

Blíží se vánoce a liška páchá v obci neplechu. Bez plachosti vrozené všem divoce žijícím zvířatům, objevuje se za dne u domu či dvora a vraždí slepice, kachny, husy, všechno co se jí podaří dostihnout. Nechová se jako úskočný kořistník, vyhledávající každý úkryt, aby se přiblížil ke kořisti, rychle ji uchopil a pružným skokem co nejrychleji zmizel. Ne. Přijde bez plachosti, usadí se před usedlost, někdy i mezi drůbež, která ji hloupě s nataženými krky pozoruje, ale když tento nezvaný host projeví náhle své úmysly, bývá již pozdě. Když opět zmizí, zůstávají po něm na místě mnohé dobré nosnice s ukousanými hlavami.

Mezi tím táhne liška podél plotů dalších usedlostí a vyhlíží další oběti, jichž má již několik tuctů na svědomí.

Její náhlé neočekávané objevení se v každé denní době, její krvelačnost, omezená plachost, uváděla občany ve strach a nejistotu. Všichni hleděli na mne jako na toho, který jim může, ba musí od tohoto zla odpomoci.

Několik dnů po vánocích bavíme se před domem. Samozřejmě o čem jiném, než o vraždící lišce, jejíž zvláštní chování nasvědčovalo podezření ze vzteklíny. Ta kdyby se dostala do zdejší drůbeží farmy! Náhle je naše debata přerušena. Na dostřel brokovnice běží proti nám po louce liška, pronásledována hospodářem z Horní Vsi, vyzbrojeným pořádným klackem. „Pronásleduji ji přes hodinu, vezmi rychle pušku!" volá vzrušeně. Řekne se pušku! Nyní jde o vteřiny. Rychle klíč od skříně se zbraněmi, beru dvojku a náboje, oblékám blůzu, nazouvám boty a pádím za ním. Liška má již slušný náskok. Táhne podél ohrady kolem pískovny. Rychle jí nadběhnout. Srdce bubnuje od běhu do kopce. Teď to zkusím! Bác! Liška upadla. „Tak to bychom měli." Než jsem však domyslel, liška vstává, usedá na zadek a prohlíží mne, nestydatého dvounožce, který ji málem poslal na onen svět. Střílím druhou ránu. To se jí zdálo být již asi hloupé, vyskočila dala se do běhu. I když zřetelně na zadní běh kulhala, zmizela nám rychle v hustém porostu lesa. Říkám si: „Škoda této příležitosti". Považoval jsem za nepravděpodobné, že by se liška opět vrátila do vsi a tropila škodu. Nebo že by snad obě rány byly bezvýsledné?

Brzy po poledni zvoní telefon. Slyším přerývavý hlas souseda Waltra: „Ta liška je tu zase, přijď rychle!" Poklusem běžím s brokovnicí napříč polem k jeho statku v Horní Vsi. Když jsem doběhl, nebylo po lišce ani slechu, ani vidu. Vzrušeně hledáme po všech koutech - nic. Tu však zazní z návsi volání a křik. Ohlédnu se a vidím lišku kmitnout se přes ulici. Volám „Nadežeňte ji sem!" Nyní, již mimo obec, dostává se pronásledování lišky do běhu. V malém selském lesíku je opět vyštárána „Zde, zde je!" Slyším volání. V okamžiku jsem tam, zkouším možnost střelby, nabíjím, odjišťuji, mysl je napjatá, vždyť lov v blízkosti obce je nebezpečný, dokonce zakázaný. Avšak než jsem mohl reagovat, mihl se přes úzký pruh louky červený kožich a zmizel v lesíku. To bylo pro mne příliš rychlé, ale divil jsem se, jak může již vzteklinou napadená liška, tak rychle a s postřehem běhat. Nyní protlačíme březový hájek vlevo. Tam musí určitě vězet. Sotva začal na novo hluk lovecké vášně, vyběhla liška, bohužel příliš daleko pro brokovou ránu a uháněla kolem mezníku k zalesněnému Hufbergu. To by byl pro dnešek konec lovu. Halali!

Der Fuchs hat inzwischen Vorsprung; er schnürt an der Koppel entlang, nach der Sandgrube zu. Schnell, ihm den Weg abschneiden. Das Herz blubbert laut vom Rennen bergauf. Jetzt probieren! Rums! Den Fuchs wirft es hin. So, den hätten wir! Doch kaum gedacht, kommt er wieder hoch, setzt sich auf die Keulen und beäugt mich, den unverschämten Zweibeiner, der ihn beinahe ins Jenseits befördert hätte. Nun den zweiten Schrotlauf abgefeuert. Da wird es ihm einfach zu dumm, und er setzt sich wieder in Trab. Weiter geht die Verfolgungsjagd, den Kirchsteig entlang. Obwohl er deutlich auf der Hinterhand schlenkert, läuft er uns davon und verschwindet im dichten Stangenholz des Scheitwaldes. Schade um diese Gelegenheit.

Ich halte es dennoch für unwahrscheinlich, daß der Fuchs noch einmal im Dorf sein Unwesen treibt. Oder sollten die beiden Schrotschüsse doch ganz ohne Wirkung geblieben sein?

Am frühen Nachmittag klingelt das Telefon. Walters Stimme überschlägt sich: „Der Fuchs ist wieder da. Komm schnell!" Im Laufschritt geht's mit der Flinte querfeldein zu seinem Gut im Oberdorf. Doch dort angelangt, keine Spur von einem Fuchs. Aufgeregtes Suchen in allen Winkeln und Ecken. Plötzlich ertönen Rufe und Geschrei vom Dorfplatz her. Gerade noch sehe ich den Fuchs über die Straße huschen. Ich rufe: „Treibt ihn herüber!" Doch inzwischen nimmt die Verfolgungsjagd jenseits der Dorfstraße ihren Lauf. In einem Bauernwäldchen wird der Räuber wieder aufgestöbert. „Hier, hier ist er!" höre ich es schreien. Inzwischen bin ich heran, prüfe das Schußfeld, lade und entsichere die Doppelflinte. Die Sinne sind aufs äußerste gespannt, denn die Jagd ist hier in Ortsnähe gefährlich und normalerweise nicht erlaubt. Noch ehe ich reagieren kann, huscht ein roter Wischer über den schmalen Wiesenstreifen und ist gleich wieder im Gebüsch verschwunden. Das ging mir doch ein wenig zu schnell, und ich staune, wie gut der Fuchs trotz Anzeichen beginnender Lähme noch immer auf den Läufen ist. Jetzt wird das Birkenwäldchen, mir zur Linken, durchgedrückt, da drin muß er stecken. Kaum beginnt von neuem der Lärm entfachter Jagdleidenschaft, da kommt er abermals — zu weit für einen Schrotschuß — zum Vorschein, flüchtet einen Rain entlang, nimmt Richtung auf den bewaldeten Hufenberg. Das wäre das Ende der Jagd für heute. Halali! Doch Günter schneidet dem Fuchs mit dem Motorrad in einer imposanten Querfeldeinfahrt den Weg ab, treibt ihn den Hang hinauf, auf das „Zänkerbüschel" zu, in das der Gejagte nun Zuflucht nimmt. Eine letzte Chance tut sich auf, aber die Dämmerung ist schon sehr weit vorgeschritten.

Ich lasse alles, was inzwischen an Helfern und Schaulustigen herzugelaufen ist, das Waldstück, eine Fichtendickung, entgegen der Fluchtrichtung durchdrücken. Niemand darf sich außerhalb im Schußbereich befinden. Ich stelle mich so auf, daß ich die Schmal- und Längsseite nach dem Dorfe zu überblicken kann. Das Treiben beginnt mit Schreien, Brüllen, Stöckeschlagen, als gelte es, eine Rotte Sauen aus der Dickung zu sprengen, während ich bereit bin, jeden Augenblick die Waffe hochzureißen. Da, rechts, ein flüchtiger Schemen. Weit vorhalten! Der Schuß bricht, hallt wider über dem Dorf im Tal, das schon im grauen Dämmer liegt. Der Fuchs rutscht in der Flucht zusammen wie ein nasser Sack und rührt kein Glied mehr. Es war höchste Zeit, schon wenige Minuten später hätte das Licht für einen sicheren Schuß nicht mehr gereicht.

Alle freuen sich, daß diese aufregende Hetzjagd noch in letzter Minute erfolgreich war. Einige sagen „Weidmannsheil". Durch das Dorf aber geht ein Aufatmen. Die Gefahr ist gebannt, das gequälte Tier erlöst. Der Befund der veterinärmedizinischen Untersuchung läßt nicht lange auf sich warten. Er lautet: positiv.

Wanderung im Schnee

Was macht es schon, wenn die ersten Schritte auf den Brettern auch ein wenig unbeholfen wirken. Trotzdem geht es munter voran, hinauf auf die Höhe. Freier wird der Blick. Im Tal das Dorf, geduckt unter der Schneelast seiner Dächer. Dahinter aufstrebend bewaldete Höhenzüge, sonnenüberglänzt, verschwimmend im bläulichen Dunst der Ferne. In den letzten Tagen ist auf die verharschte Schneedecke Pulverschnee gefallen. Wir gleiten dahin, unabhängig von Weg und Steg.

Braune Erdschollen heben sich am Wald von der weißen Fläche ab. In der Nacht haben Wildschweine auf einem Feld frisch gebrochen, wo im Herbst nach der Kartoffelrodung Wintergetreide eingesät war. Überall haben sie mit der tiefliegenden Brust Bahn in den Schnee getrieben und mit dem Wurf den Acker nach ein paar Feinfrostkartoffeln um und um gestürzt. Unmöglich, in dem Gewirr von Fährten einer einzelnen zu folgen. Man müßte weit ausholen, um zu wissen, wo sie geblieben sind.

Die weiße Weite, die das starke Sonnenlicht reflektiert, blendet unsere Augen. Selbst durch die

A přece, Günter na motorce, impozantní jízdou přes pole odřízl lišce směr útěku a hnal ji do kopce směrem k Zánkrovic lesíku, kde našla útočiště. Byla tu poslední možnost, i když se již stmívalo.

Rozhodl jsem, za účasti pomocníků i přihlížejících, protlačit kousek lesa - houštinu ve směru proti útěku lišky. Já jsem zaujal stanoviště tak, abych měl přehled ve směru k obci. Nátlačka začala křikem, rámusem a mlácením klacky, jako by měl být vytlačen statný divočák. Já se připravil k okamžitému výstřelu. Tu v pravo běží silueta. Pěkně předsadit! Rána zaburácela a přes údolí se vracela ozvěnou nad obcí ležící již v šedém soumraku. Liška se v běhu srolovala a zůstala bez hnutí ležet. Byl nejvyšší čas. Za několik minut by se pro tmu nedalo střílet.

Všichni byli rádi, že tato štvanice byla v posledních minutách úspěšná. Někteří přáli „Lovu zdar". Obec si oddychla. Nebezpečí bylo zažehnáno, strádající zvíře vysvobozeno. Veterinární nález nedal na sebe dlouho čekat. Zněl: vzteklina pozitivní.

Toulání ve sněhu

Co na tom, že naše první kroky na lyžích působí poněkud neohrabaně. Jedeme čile do kopce na výšinu, odkud je krásný a široký rozhled. V údolí leží vesnice se sněhem přikrytými střechami.

Za ní se tyčí zalesněné výšiny ozářené sluncem, jako by se ztrácely v dálce modravého oparu. Na ztvrdlý sněhový povrch napadl v posledních dnech nový prachový sníh, takže se kloužeme tou nádherou cesta, necesta.

Na okraji lesa vykukují ze sněhu hnědé pruhy země. Na poli, kde byly na podzim vybrány brambory a zaseto zimní žito, bylo znát čerstvé rytí divokých prasat. Všude byly znát hluboké brázdy ve sněhu a přerytá půda od divočáků, ve snaze najít několik zmrzlých zapomenutých brambor. V tom množství rozryté půdy nebylo možné sledovat jednotlivou stopu. Bylo by nutné prohlédnout vzdálenější stopy a podle nich zjistit, kde černá zalehla. Silná sluneční záře nám oslňovala oči, a to i při přivřených víčkách.

Začínalo nám být teplo, tváře jen hořely. „Nyní bych si nejraději lehla na slunce v koupacím úboru," poznamenala moje paní. „To by ti naskočila pěkná husí kůže", doplňuji žertem. Vjíždíme do lesa a pokračujeme k pomníku „U tří jedlí". Již odedávna je toto místo na křižovatce známým orientačním bodem v krajině. Pomník je zhotoven z nalezených kamenů, vkusně, téměř umělecky sestavených do pyramidy. Čteme zvětralý nápis"Lesníkům, padlým ve světové válce 1914 - 1918!" Nestojí zde „tři jedle",(ty zde stávaly snad tehdy, když byl ještě vzduch čistý), nýbrž obyčejné smrky. Dosud nás potkal jediný lyžař. To tlumené ticho působí blahodárně na mysl. Ani sebemenší šelest větru, ani ptačí hlásek, jen tichý rytmus našich lyží. Jedeme mlčky. Proč rušit tak posvátné ticho spící přírody. Jinovatka změnila les k nepoznání. Nepopsatelné obrazy jemnosti a krásy se lesknou a jiskří v sluneční záři. Jako obři v dlouhých bílých kutnách stojí vysoké smrky proti tmavomodré obloze. Jemné větévky břízy připomínají filigran a ve sněhu zamuchlané postavičky mladých smrčků skřítky z pohádek.

Jinovatka není bohužel vždy jen pastvou pro oči. Pro mnohé stromy je nebezpečným, smrtelným zatížením, zejména při déle trvajících mlhavých dnech, kdy se jinovatka na větvích tvoří a dlouho setrvává. Narůstá do neúnosné zátěže, že se větev nebo i celý strom zlomí. Stávalo se, že v některých letech celé lesní porosty - zejména na hřebenech Krušných hor - padly za oběť jinovatce a námrazám. Zasáhla-li do těchto zatížených porostů vichřice, pak se naskytl smutný pohled na množství jako zápalky polámaných stromů.

Naši trasu křižovaly stopy zvěře. Myslivec dobře dokáže z nich číst jako z otevřené knihy. Také několik ušáků zde zanechalo své stopy. Ukazuji man-

geschlossenen Lider dringt noch das Licht. Es wird uns warm, und die Wangen glühen. „Ich möchte mich jetzt am liebsten im Badeanzug in die Sonne legen", schwärmt meine Frau. „Das gäbe eine schöne Gänsehaut", sage ich im Scherz.

Der Wald nimmt uns auf. Wir laufen auf das Denkmal bei den „Drei Tannen" zu. Seit alters ist dieser Ort am Kreuzweg ein bekannter Orientierungspunkt in der Landschaft. Das Denkmal ist aus Findlingsblöcken zu einer Pyramide kunstvoll zusammengefügt. Wir lesen die verwitterte Inschrift: „Dem im Weltkrieg 1914 – 1918 gefallenen Weidgenossen". Die „Drei Tannen" aber sind drei ganz gewöhnliche Fichten. Ob früher einmal Tannen hier gestanden haben, als die Luft noch sauber war?

Bisher ist uns nur ein einziger Skiläufer begegnet. Die gedämpfte Stille tut den Sinnen wohl. Kein Raunen des Windes, kein Vogelruf, nur der leise Rhythmus unserer Skier. Wir gehen lange schweigend.

Rauhreif hat den Wald verzaubert. Gebilde von unbeschreiblicher Zartheit und Schönheit glitzern und funkeln in der Sonne. Wie Riesen in langen weißen Kutten stehen die hohen Fichten gegen den tiefblauen Himmel. Das feine Geäst der Birken erinnert an Filigran und die vermummten Gestalten der Fichtenjungwüchse an Fabelwesen aus dem Märchenreich.

Rauhreif ist nicht immer nur Augenweide. Er wird für manchen Baum zur gefährlichen, tödlichen Last, wenn tagelang die Nebelfrostablagerungen anhalten. Es hat Jahre gegeben, wo ganze Waldbestände, besonders in den Kammregionen des Erzgebirges, dem Rauhreif und Rauhfrost zum Opfer fielen. Der ahnungslose Wanderer ist dann angesichts der zahllosen wie Streichhölzer geknickten Stämme leicht geneigt, die Verwüstung dem Sturme anzulasten.

Fährten kreuzen unseren Weg. Der Kundige versteht darin zu lesen wie in einem aufgeschlagenen Buch. Es ist meist Rehwild, das von den Einständen zu den Futterplätzen zieht. Auch ein paar „Krumme" haben ihre Spuren hinterlassen. Ich weise auf eine solche Hasenspur und sage zu meiner Frau: „Vorn ist hinten und hinten ist vorn."

Im steilen Anstieg führt die „Kohlstraße" hinauf auf das Waldplateau. Ist es auch nur ein holpriger, ausgefahrener Waldweg; vom 16. bis hinein ins 18. Jahrhundert hatte er eine große Bedeutung, als der Silbererzbergbau in der Bergstadt Freiberg in hoher Blüte stand. Für die Erzverhüttung wurde viel Holzkohle benötigt. In der „Kohlau" im Flöhatal betrieben die Köhler ihr Gewerbe, schwelten jahrein, jahraus die Meiler. Der Bedarf an Holz war gewaltig. Die Holzkohle wurde in Korbwagen, Fuder um Fuder, über die Kohlstraße hinunter befördert in das Freiberger Bergrevier. Der Silbersegen des Erzgebirges verhalf den Landesfürsten zu Reichtum und Macht. Nicht nur, daß die Bergknappen in harter Arbeit aus der Nacht der Schächte und Gänge das Silbererz zutage förderten, auch die erzgebirgischen Wälder hatten den Mächtigen ihren Tribut zu zollen.

Wir treten aus dem Wald wieder in blendende Helligkeit. Nur wenige Bauernhäuser mit altem Fachwerk sind in diesem einsamen Waldwinkel angesiedelt. Ein Haus lockt uns zu näherem Betrachten. Auf dem niedrigen Erdgeschoß sitzt wie ein Wetterhut das hohe, steile Dach. Eine Schneewehe, fast bis an die Traufe reichend, türmt sich vor dem Eingang. Schwarzer Holunder wuchert an der Hauswand. Ich sehne mich nach seinem berauschenden Blütenduft an Sommertagen. Wäre nicht der schmale Pfad zur Tür, für den zwischen Wehe und Hauswand gerade noch Platz blieb, es gäbe keinen Zweifel an der Verlassenheit der Stätte. Wir forschen weiter. Die kleinen Fenster sind blind und eisblumenbemustert. Am offenen Giebelfenster im Dachgeschoß flattert eine altersgraue Gardine, dahinter Wäschestücke auf der Leine, bunt durcheinander. Nicht zu vergessen der Baum, er gehört zum Haus. Die breiten Äste seiner mächtigen Krone reichen tief herab. Ein Recke, der die Zeiten überdauert. Bis in die feinste Verästelung ist alles von einer dünnen Eisschicht überzogen. Wenn der Wind säuselt, dringt ein leises Klimpern an das Ohr. „Was ist das für ein Baum?" will meine Frau wissen. Ich komme in Verlegenheit. Im Sommer würde ein Blick genügen. Jetzt muß ich mich an die Knospen halten. Mit dem Skistock ziehe ich einen Ast in Augennähe. „Breite Blattnarbe neben der Knospe: eine Rüster oder Ulme. Hier, sieh dir das an und merke es dir gut."

Talfahrt und wieder Anstieg. Verträumt murmelt in der Senke der Bach unter der dicken Schneedecke.

Hutha, mit seinem Dutzend Anwesen schon im Sommer ein verlassenes Nest, das selten eines Fremden Fuß betritt, ist jetzt im Winter in Leblosigkeit versunken. Kein Mensch ist zu sehen, kein Laut zu hören, nur der Dunst aus den Ställen schlägt uns warm entgegen. Verweht ist der Weg, der die kleinen Gehöfte miteinander verbindet.

Immerhin gibt es hier einen Gasthof. Der Tanzsaal mit seinen hohen, gewölbten Fenstern hat längst ausgedient. In den Nachkriegsjahren war regelmäßig

želce jejich stopu: „Podívej, vzadu je vpředu a předu je vzadu," při každém skoku pokládá zajíc zadní běhy před přední. Většina stop je od srnčí zvěře, která přechází ze svých stávanišť ke krmelcům.

Cestou zvanou „Uhelná" stoupáme prudkým svahem na náhorní lesnatou rovinu. Od 16. do 18. století v době velkého rozkvětu těžby stříbra v Horním městě Freiberg, měla tato cesta velký význam. Při tavení stříbrné rudy bylo zapotřebí velké množství dřevěného uhlí, které vyráběli uhlíři v lesích v povodí řeky Flöhy. V milířích nakladených ze dřeva vypalovali dřevěné uhlí, které ve velikém množství bylo právě touto cestou dopravováno do revíru Freiberg.

Těžba stříbra v Krušných horách dopomáhala zemským knížatům k bohatství a moci.

Nejen horníci svou denní, tvrdou prací v temných šachtách a chodbách, ale i krušnohorské lesy doplácely na těžbu stříbrné rudy, neboť k výrobě dřevěného uhlí bylo zapotřebí velké množství dřeva.

Vyjíždíme z lesa opět do oslnivého jasu. V tomto osamělém lesním koutu lesa sídlí jen několik hospodářských stavení s jejich typickým trámovím ve zdech. Jeden dům nás zvlášť zajímá. Na nízkém přízemí sedí jako klobouk vysoká, příkrá střecha. Sněhová závěj, sahající téměř k okapu, tyčí se před vchodem. Ke stěně se tiskne rozvětvený keř černého bezu. Připomínám si omamnou vůni jeho květů v letních dnech. Nebýt té úzké pěšinky mezi zdí a závějí ke dveřím, vůbec bych neměl pochyby o opuštěnosti těchto míst. Pátráme dál. Malá okénka jsou zaslepena mrazovými květy. Okénko ve vysokém štítu je otevřené a třepotá se v něm zšedlá záclonka. Abych nezapomněl, strom. Ten patří ke každému domu. Jeho mohutná koruna s bohatými větvemi sahá nízko k zemi. Je to bohatýr, který přečkává časy. Celá koruna až do nejmenších větví je obalena silně jinovatkou.

Ve slabém závanu větru ozývá se tichounké „zvonění" ojíněných větví. „Jaký je to strom", ptá se moje paní. Jsem v rozpacích. V létě by stačil pohled, ale nyní v zimě je to jiné. Přibližuji si větev, podle pupenů je to jilm. „Dobře si ho prohlédni a pamatuj."

Jedeme údolím a opět stoupáme. Pod silnou sněhovou přikrývkou bublá potok. Tento kout s jeho tuctem usedlostí je i v létě jako opuštěné hnízdo. Zřídka se tu objeví cizí člověk. Natož v zimě - jako by upadl v úplné bezživotí. Nikde ani človíčka, všude ticho, jen stájová vůně prozrazuje život. I cesta spojující tyto malé usedlosti, je zaváta.

Všude se najde hospoda. Její taneční sál s vysokými obloukovými okny má již dávno vyslouženo. V poválečných letech však přišel vhod. Mládež z pěti okolních obcí zde mívala dostaveníčko.

Tu ve mně oživují vzpomínky na má mladá léta. Jako mladík, který se právě vrátil ze zajetí, byl jsem „doma" ve všech tanečních sálech v okolí, neboť platilo: „Zameškané nutno dohonit".

Ve dvaceti přišel čas rozhlédnout se po tom krásném, vysněném obrazu mladistvé fantazie. Právě v takové malé vesnické hospůdce jsem učinil objev. Hezké tmavovlasé děvče, roztomilé, půvabné, temperamentní, odpovídající mým představám. Moje srdce v okamžiku vzplálo. Tato mladá láska neměla dlouhého trvání. Uběhlo již mnoho času, přesto však mi tato epizoda, plného štěstí nevymizela z mysli a rád na ni vzpomenu.

Nad horizontem bledne záře zapadajícího slunce. Do mysli se vkrádá podvečerní melancholická nálada. Sníh se leskne mrazivou modří a den se noří pomalu do mrazivé noci. Vrány odlétají k lesu kde nocují v korunách stromů, ve vsi se ozývá štěkot psa.

„Schwof", und die Jugend aus fünf umliegenden Dörfern hatte hier ihr Rendezvous.

Da wird auch die Erinnerung an die eigene Jugendzeit lebendig. Als junger Dachs, eben erst aus der Kriegsgefangenschaft zurückgekehrt, war man auf sämtlichen Tanzsälen der Umgebung zu Hause, als gelte es, ein Versäumnis nachzuholen.

Mit Zwanzig war es auch an der Zeit, Ausschau zu halten nach der unbekannten Schönen, dem Traumbild jugendlicher Phantasie. Und eben in diesem kleinen Dorfgasthof machte ich ihre Entdeckung. Das hübsche schwarzbraune Mädchen, charmant, anmutig, voll sprühenden Temperaments, entsprach so völlig meinen Vorstellungen, daß mein Herz im Nu entflammte. War dieser ersten jungen Liebe auch keine Dauerhaftigkeit beschieden; die Zeit, die seitdem vergangen ist, hat dennoch diese reizende kleine Episode voll Glückseligkeit nicht ausgelöscht.

Langsam verblaßt im Westen der Sonne Schein. Eigentümlich ist jetzt die Beleuchtung, die Stimmung im schwindenden Licht. Bläulich kalt glitzert der Schnee; nicht lange, und der Tag sinkt zurück in eisige Erstarrung. Krähen rudern zu Holz, und im Dorf heult ein Hund.

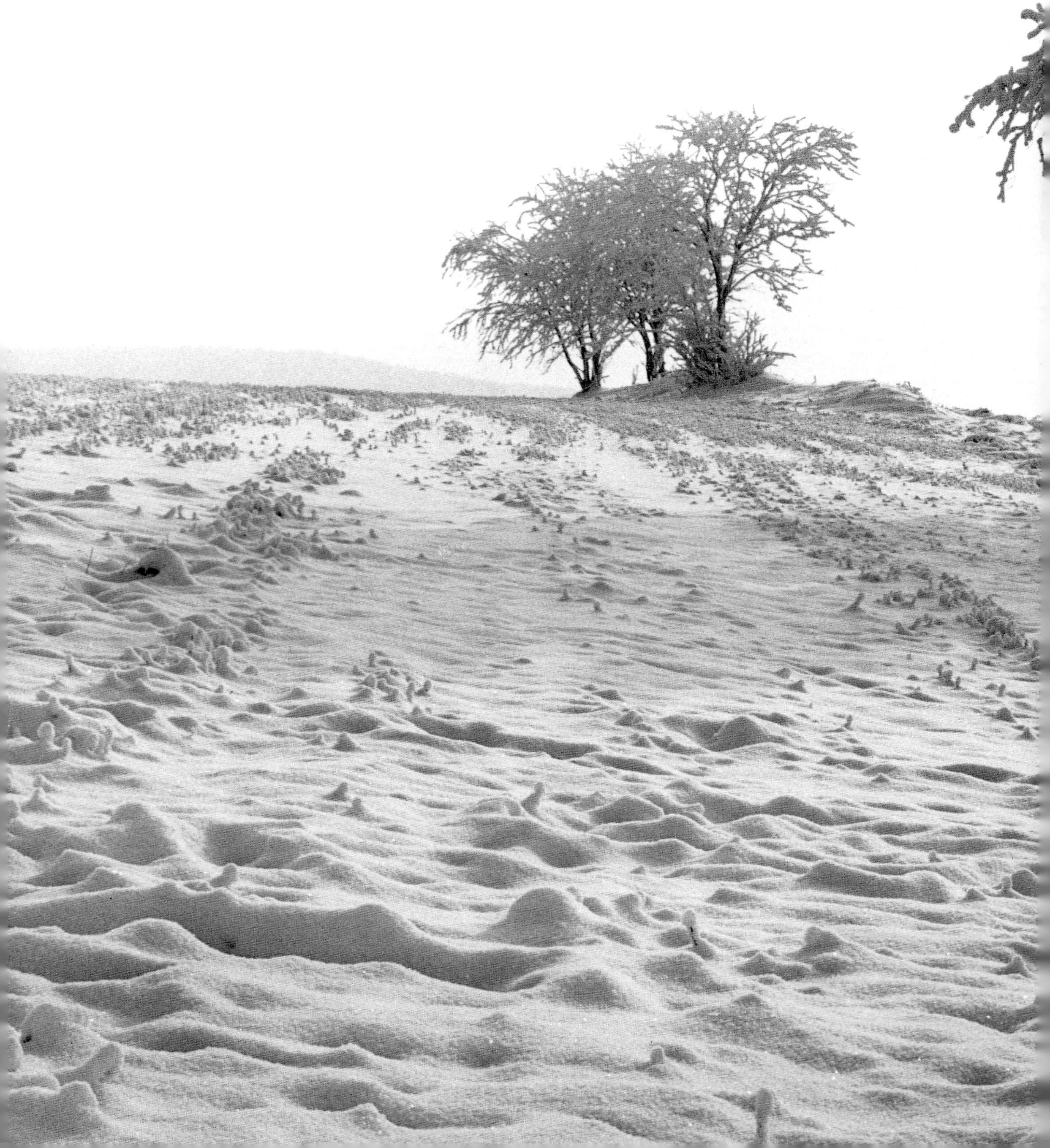

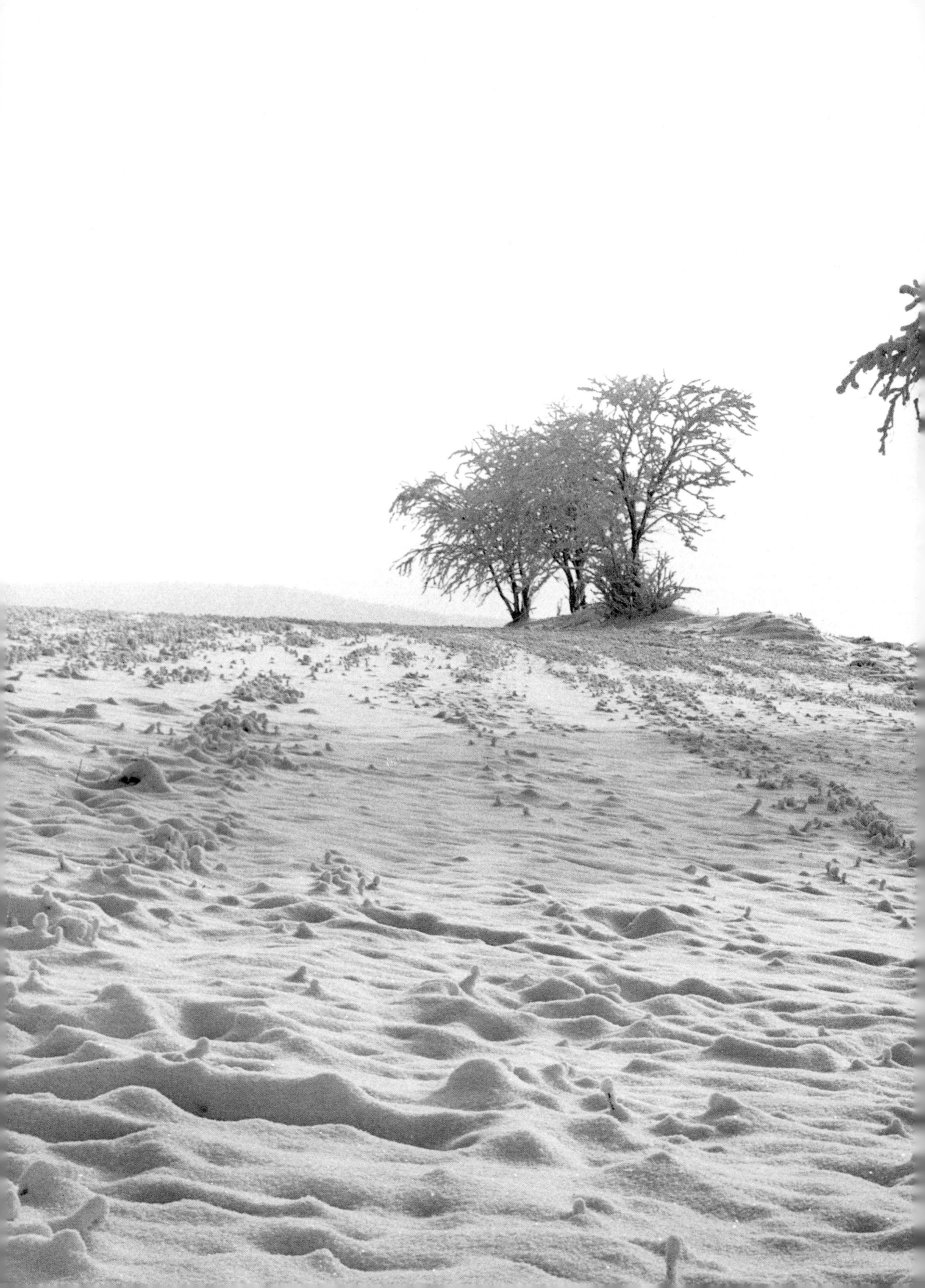

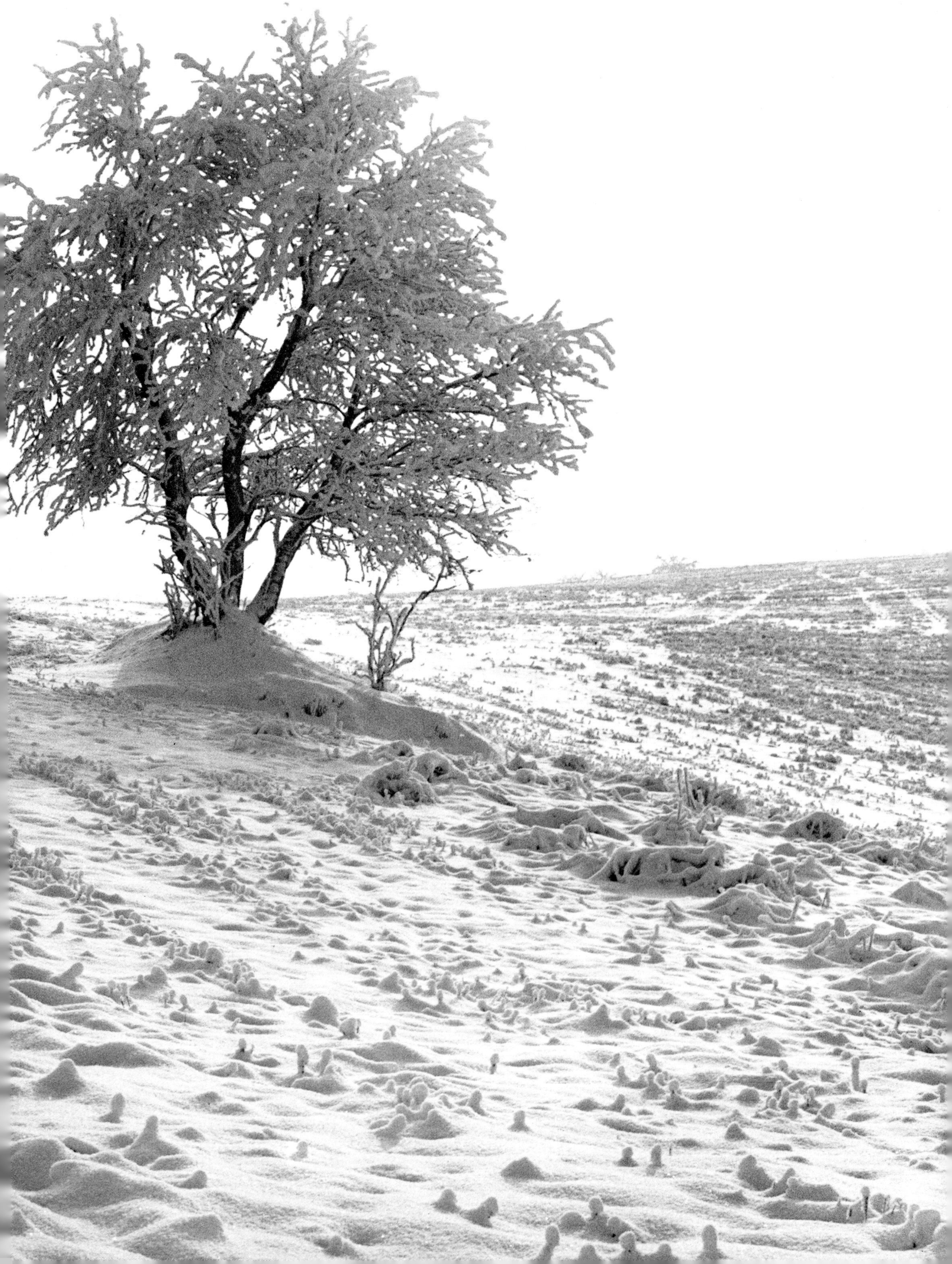

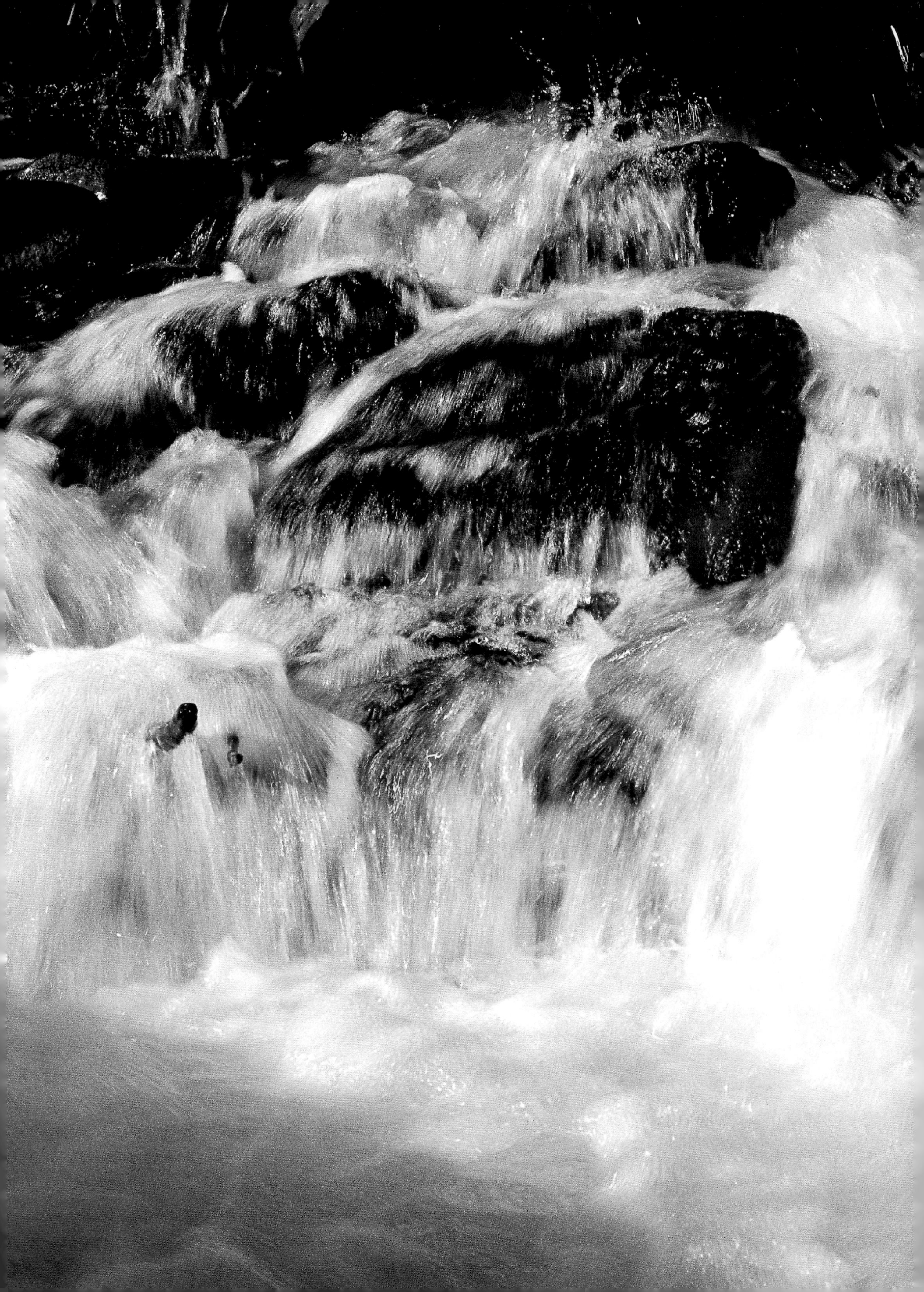

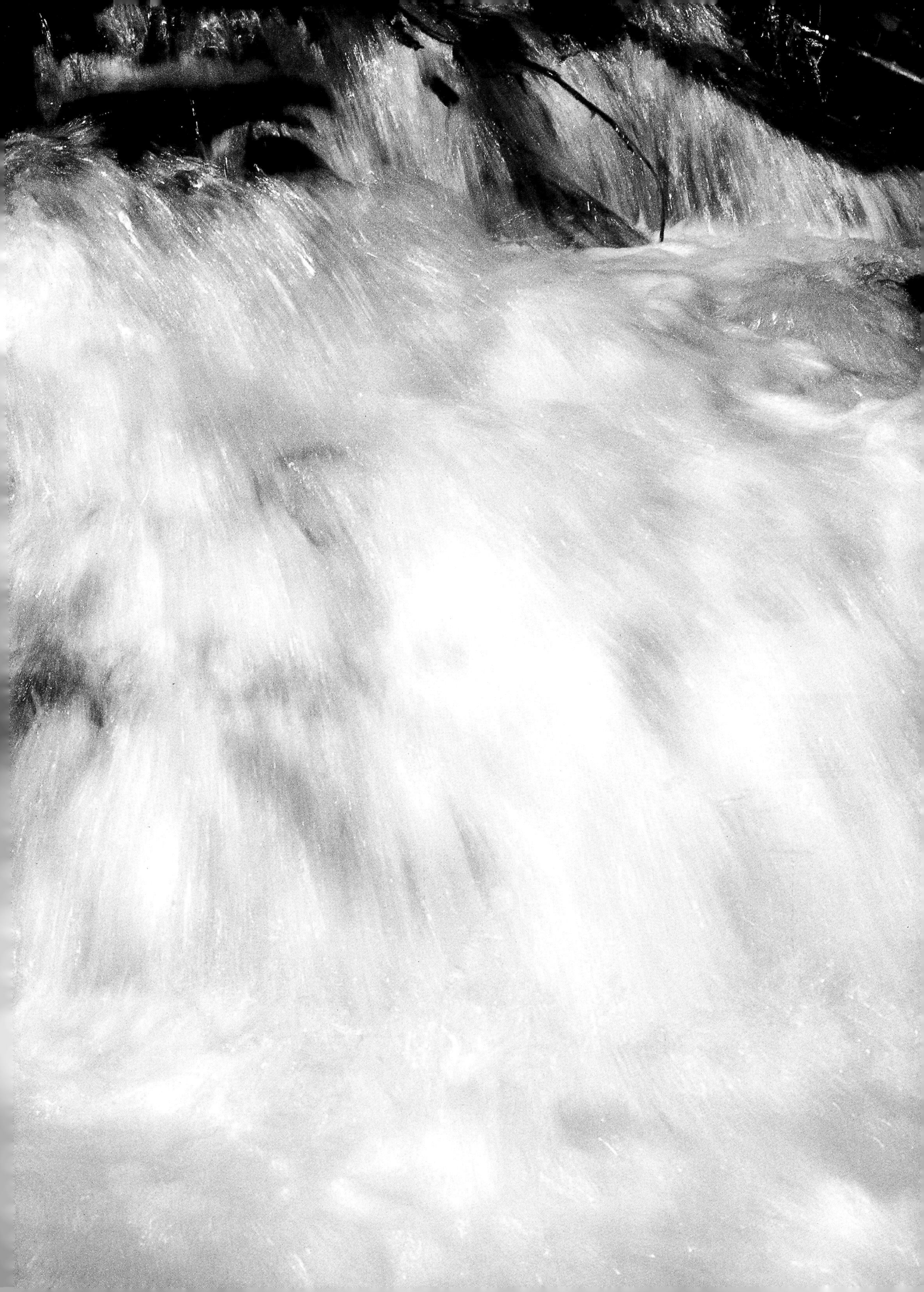

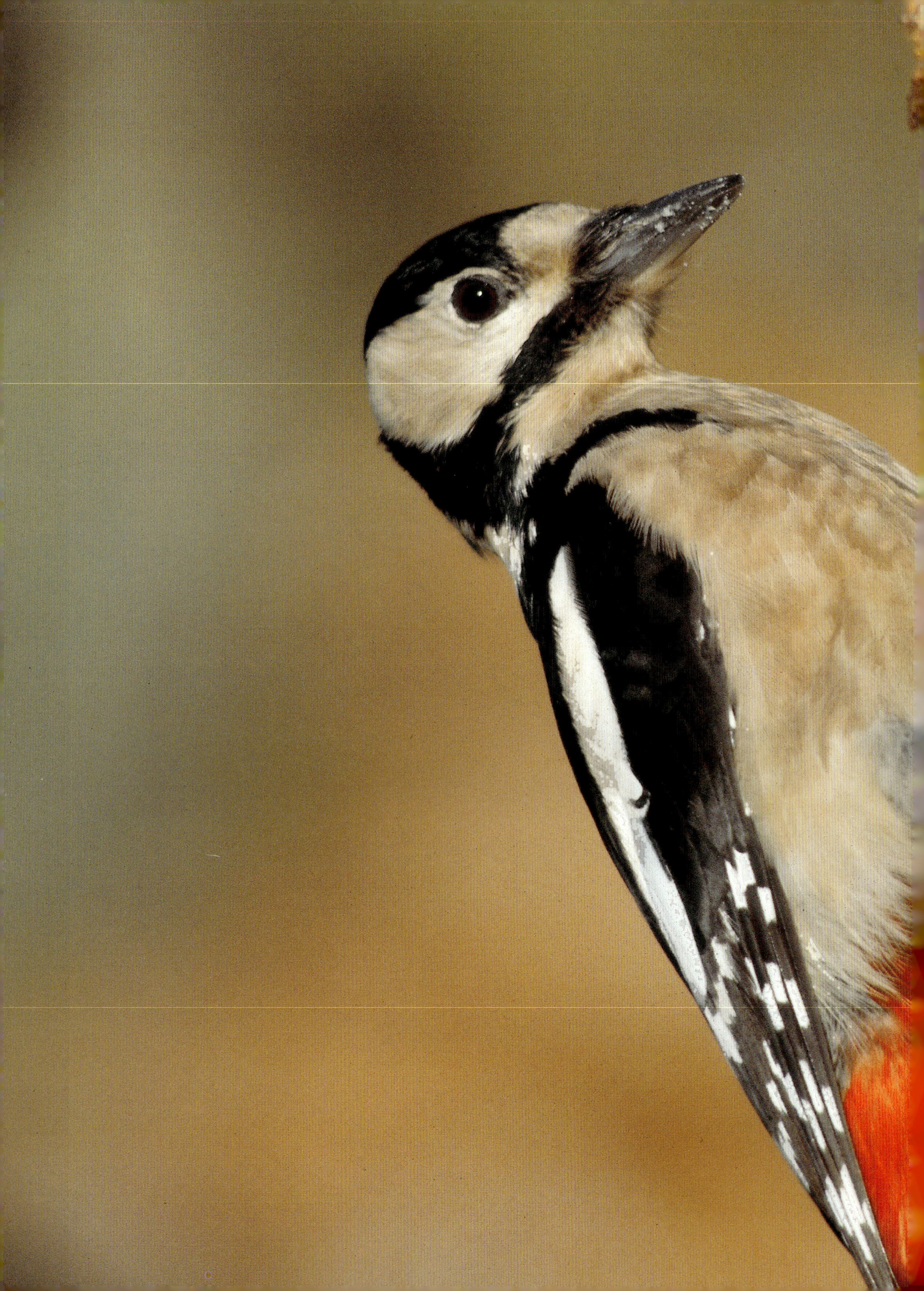

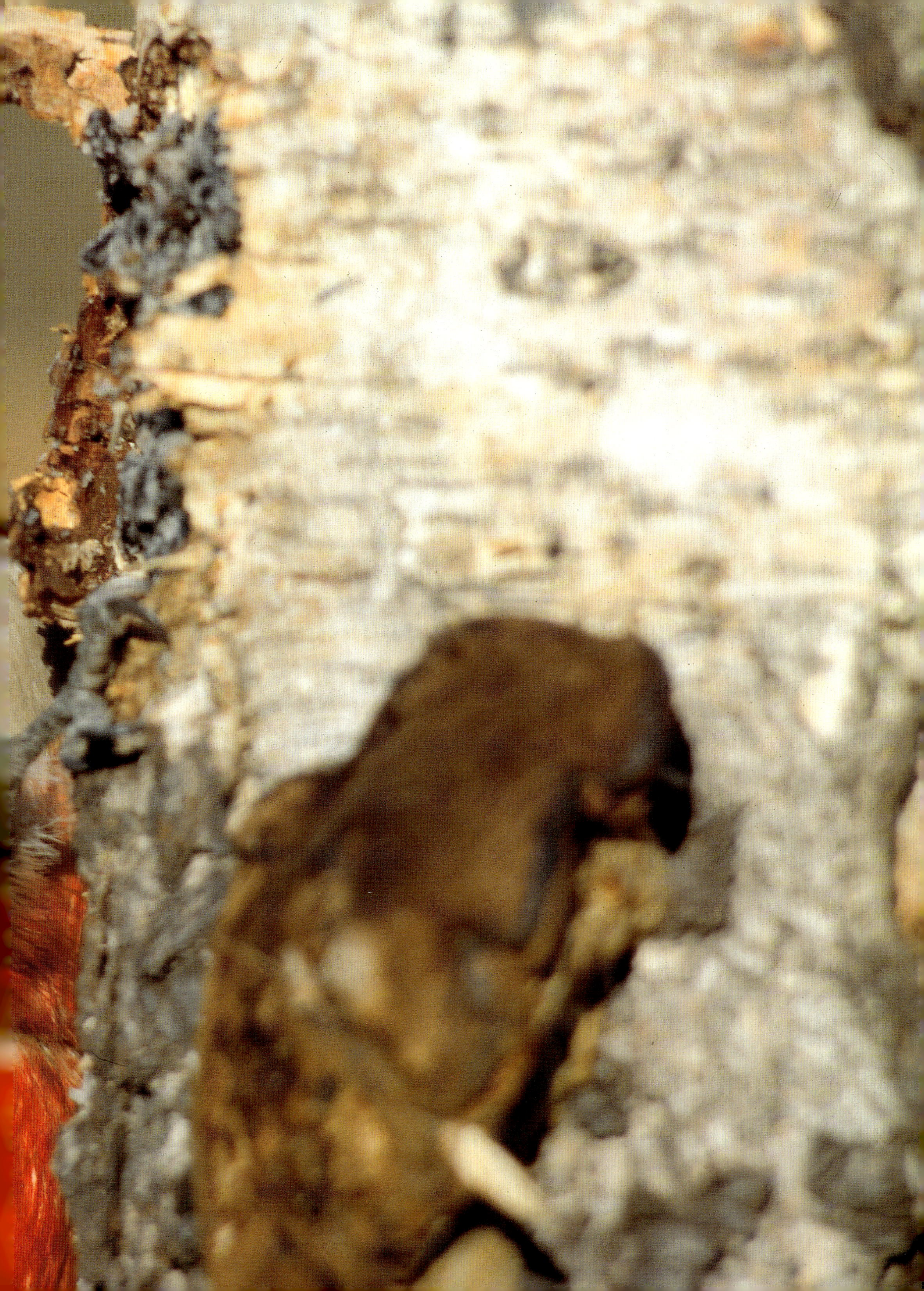

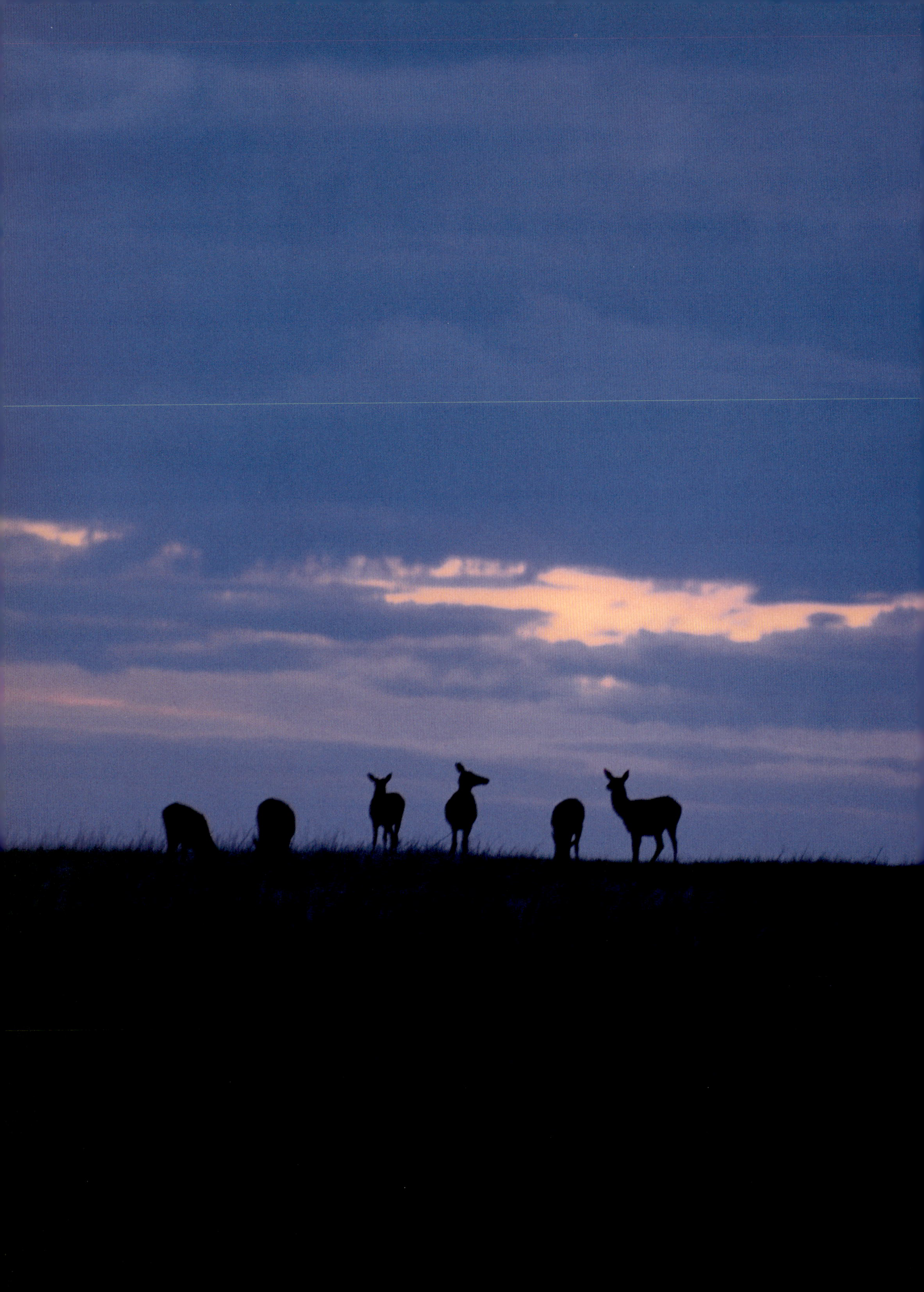

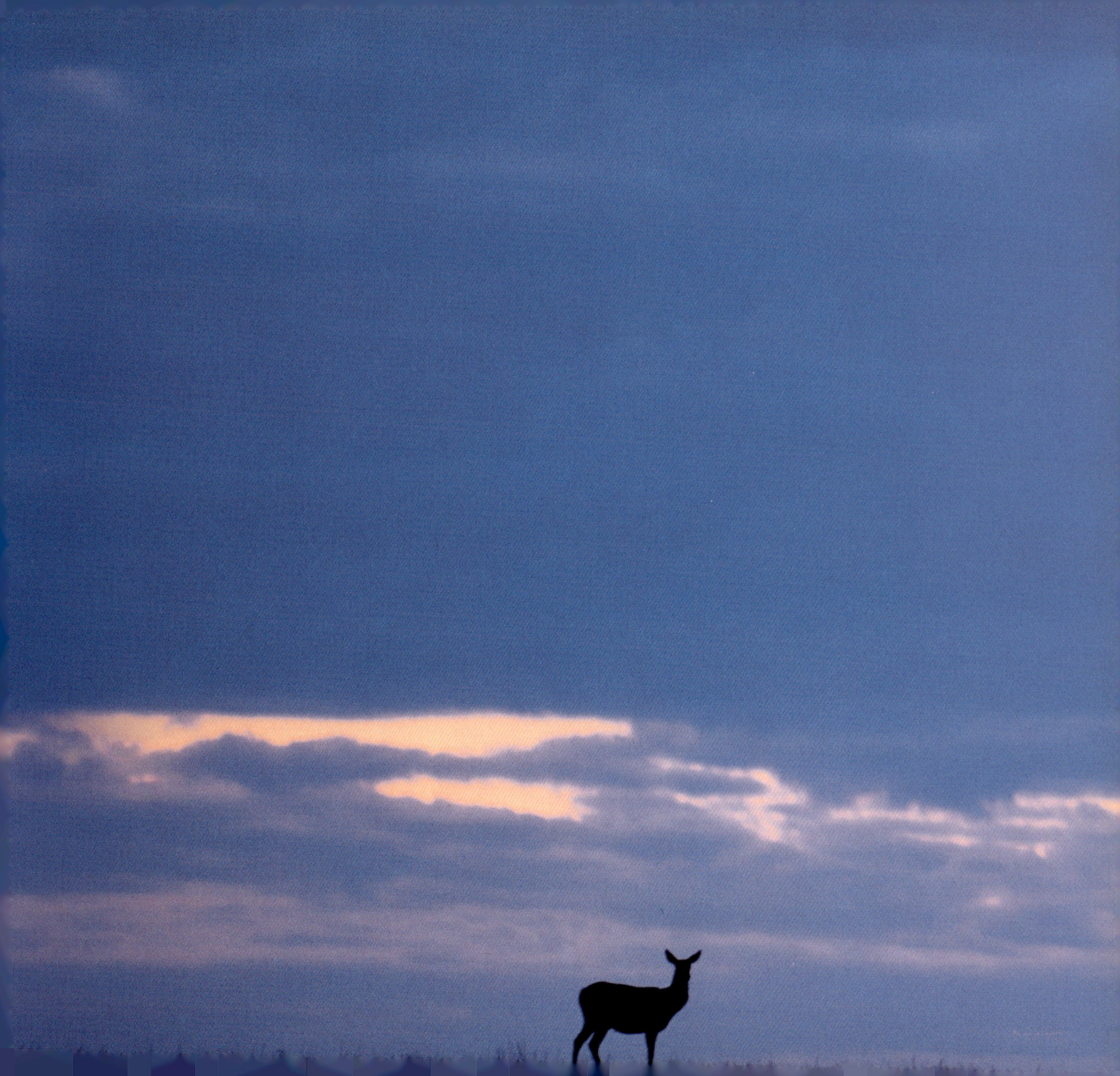

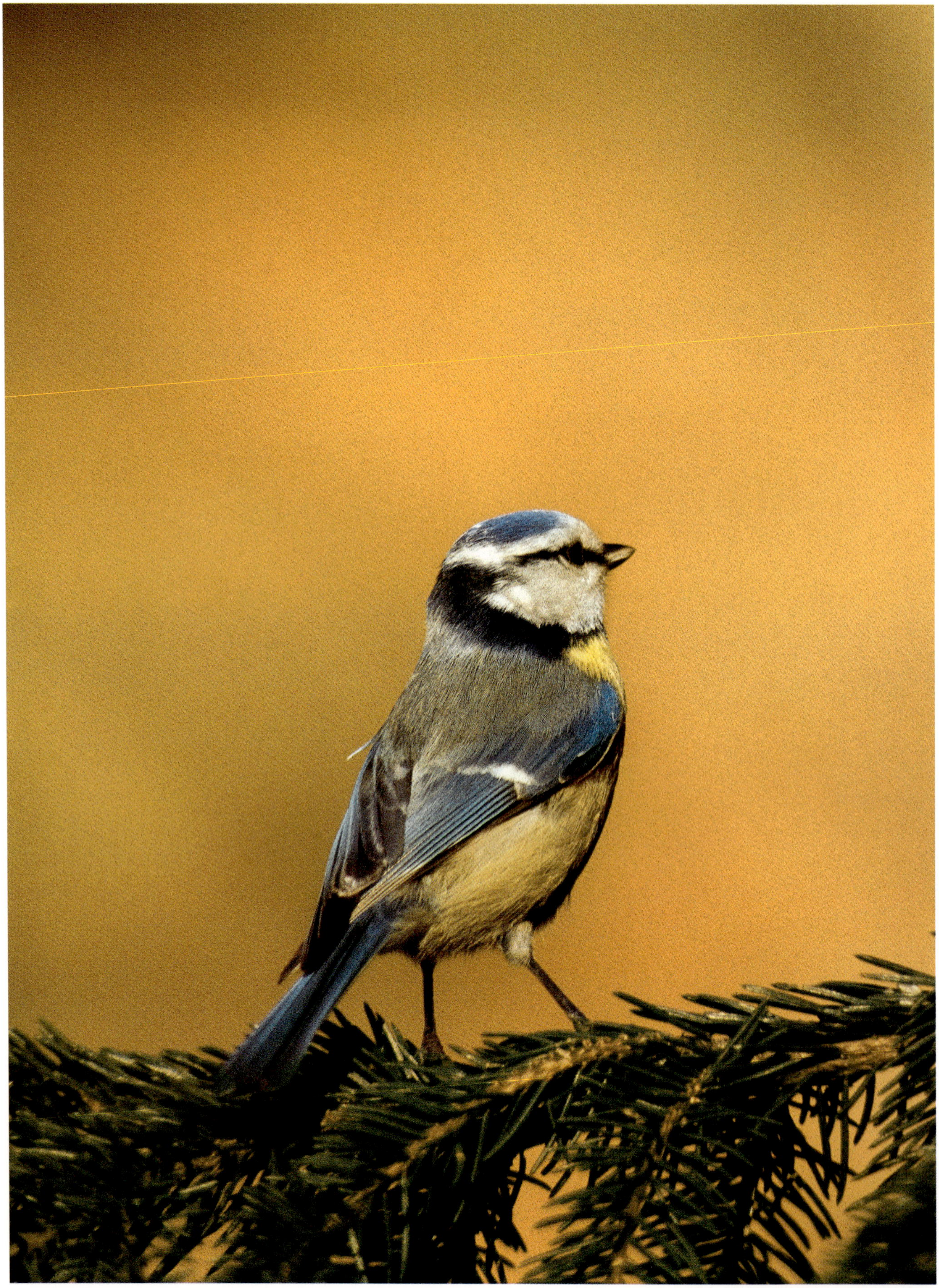

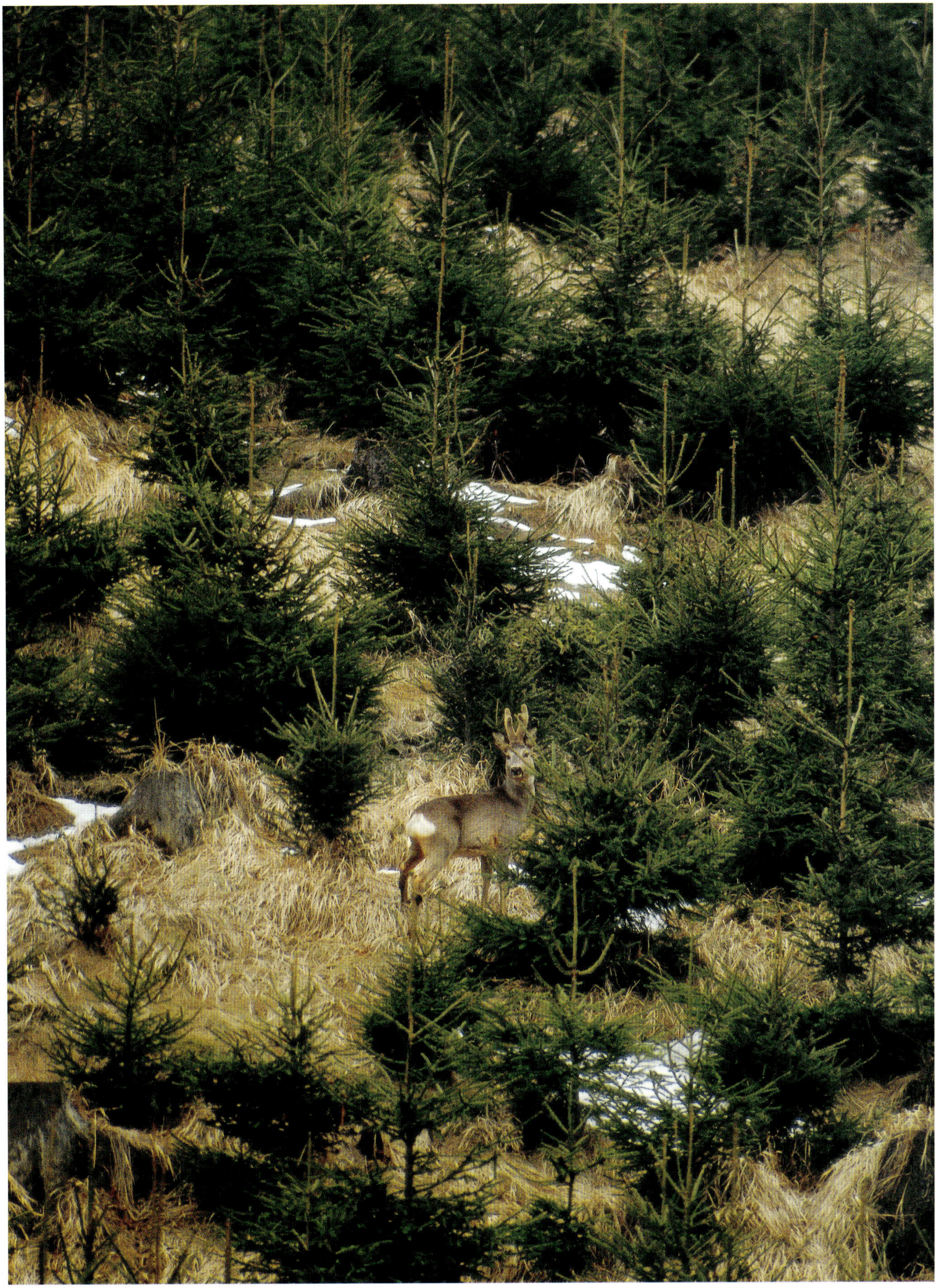

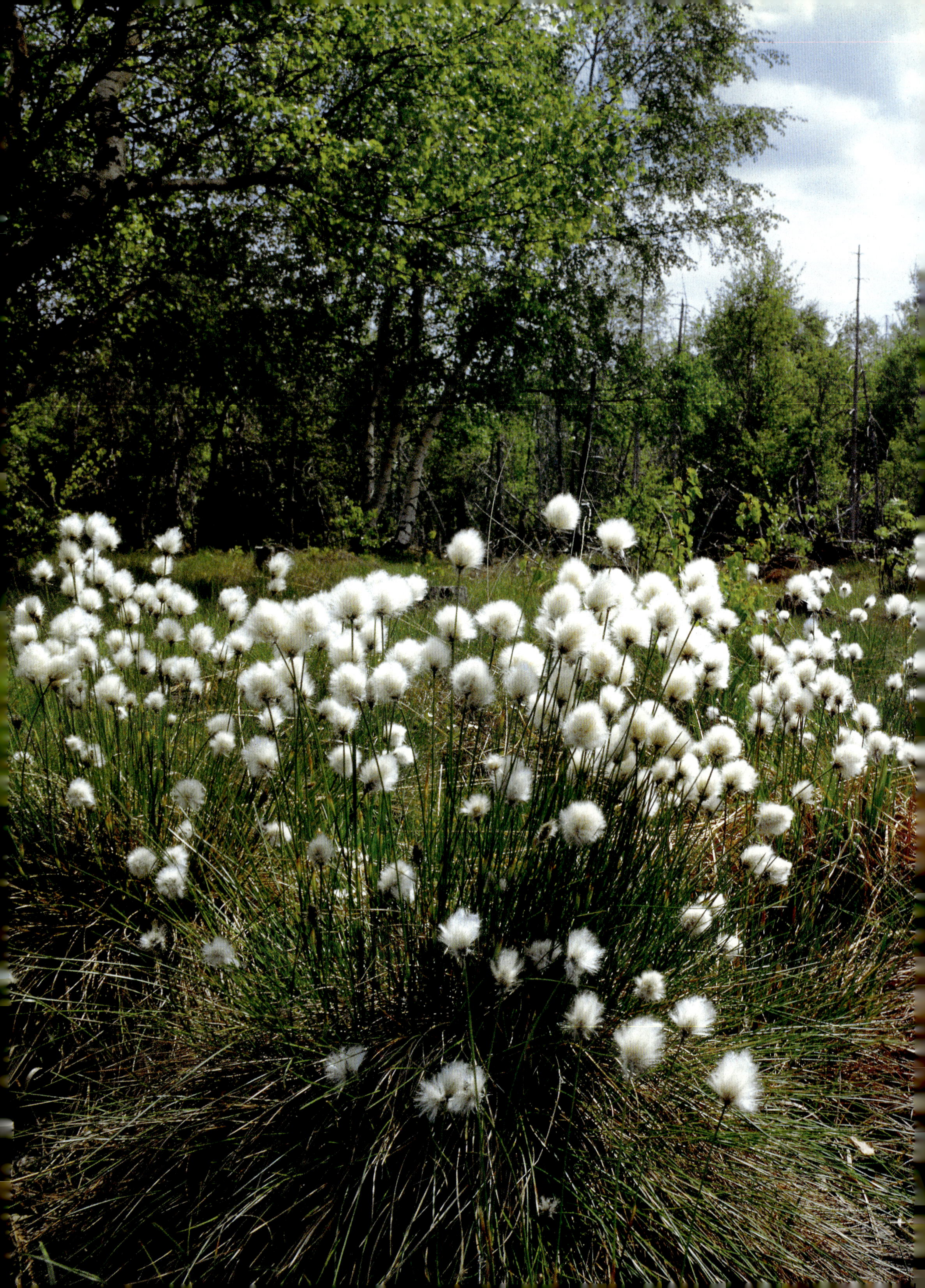

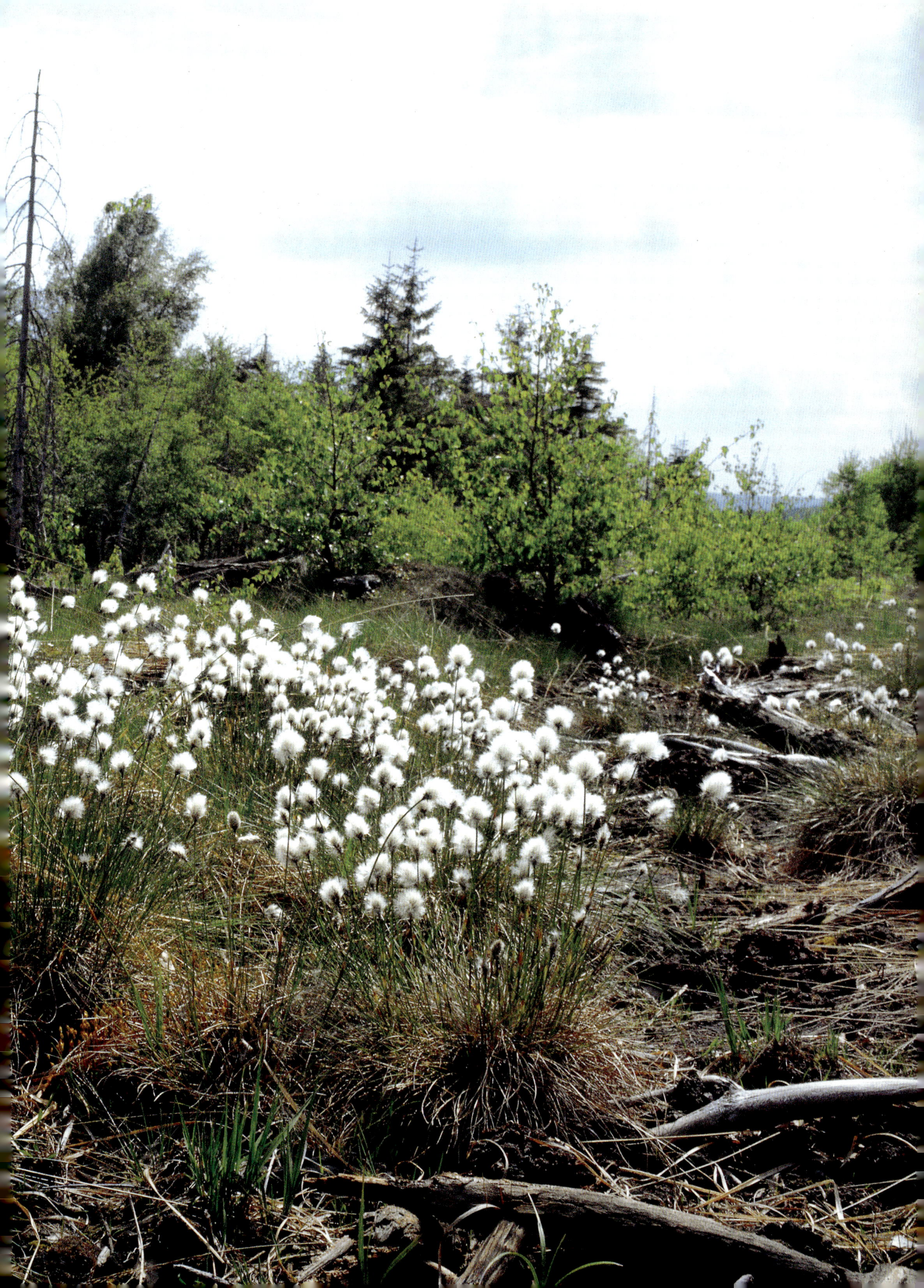

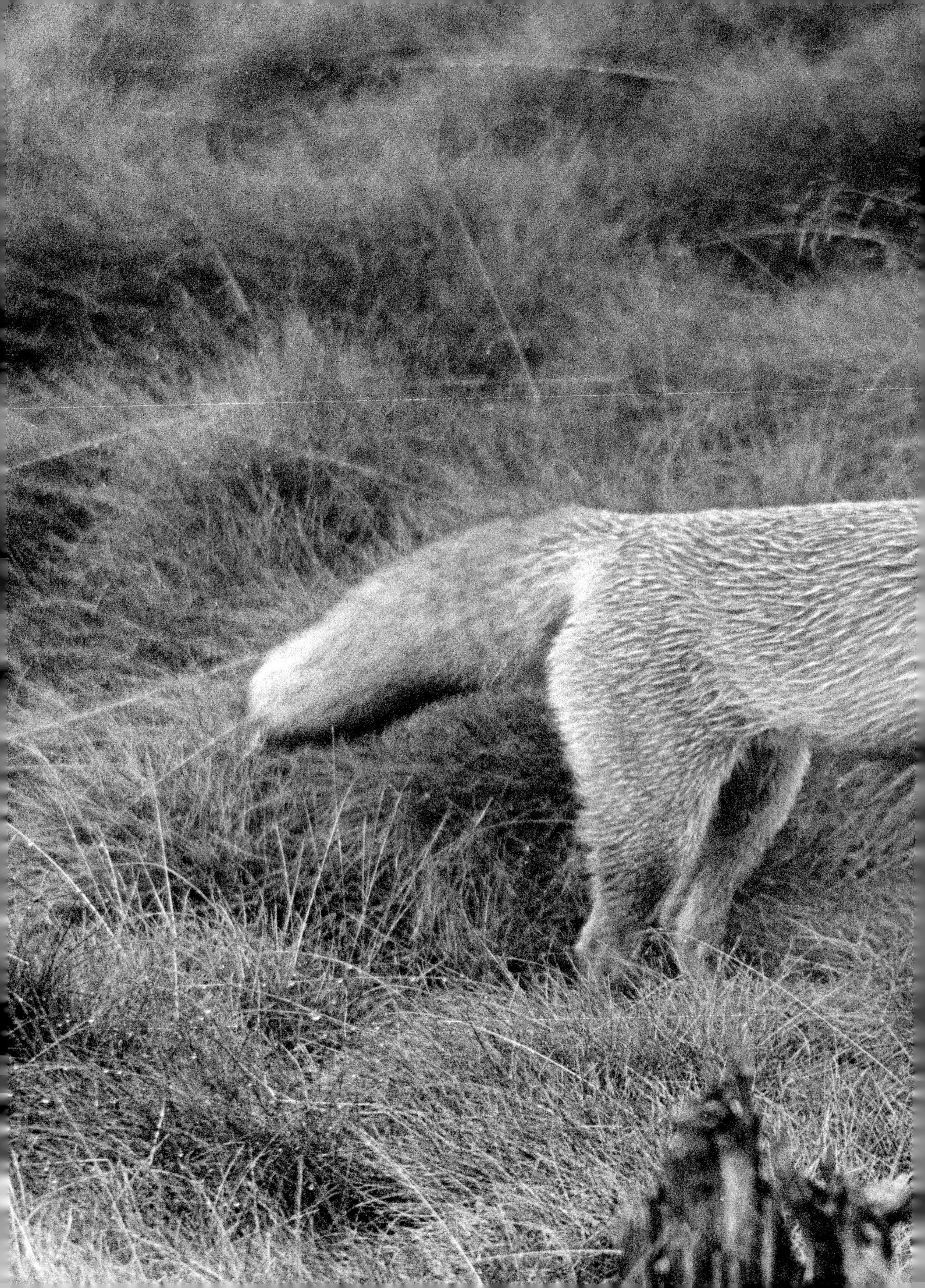

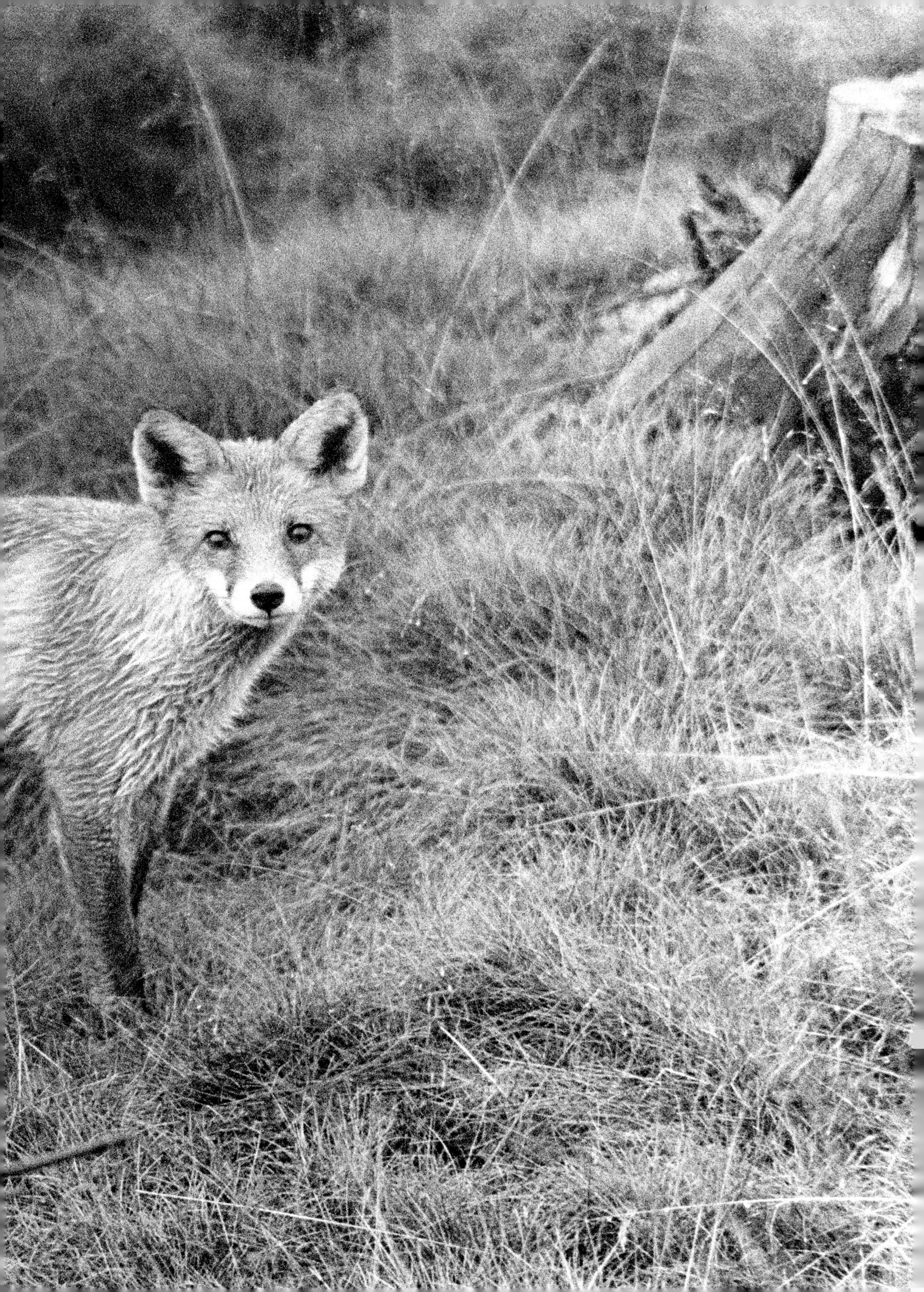

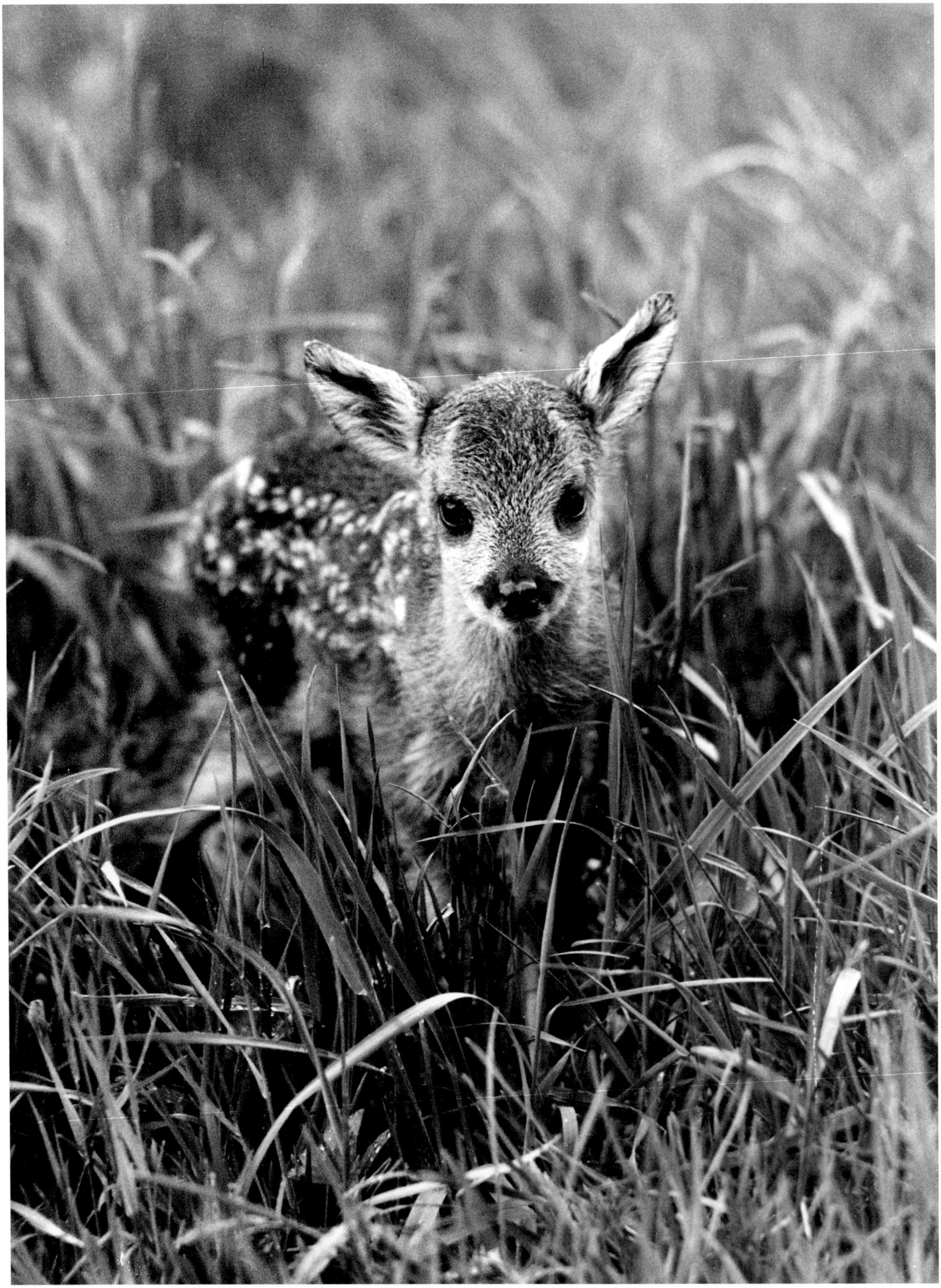

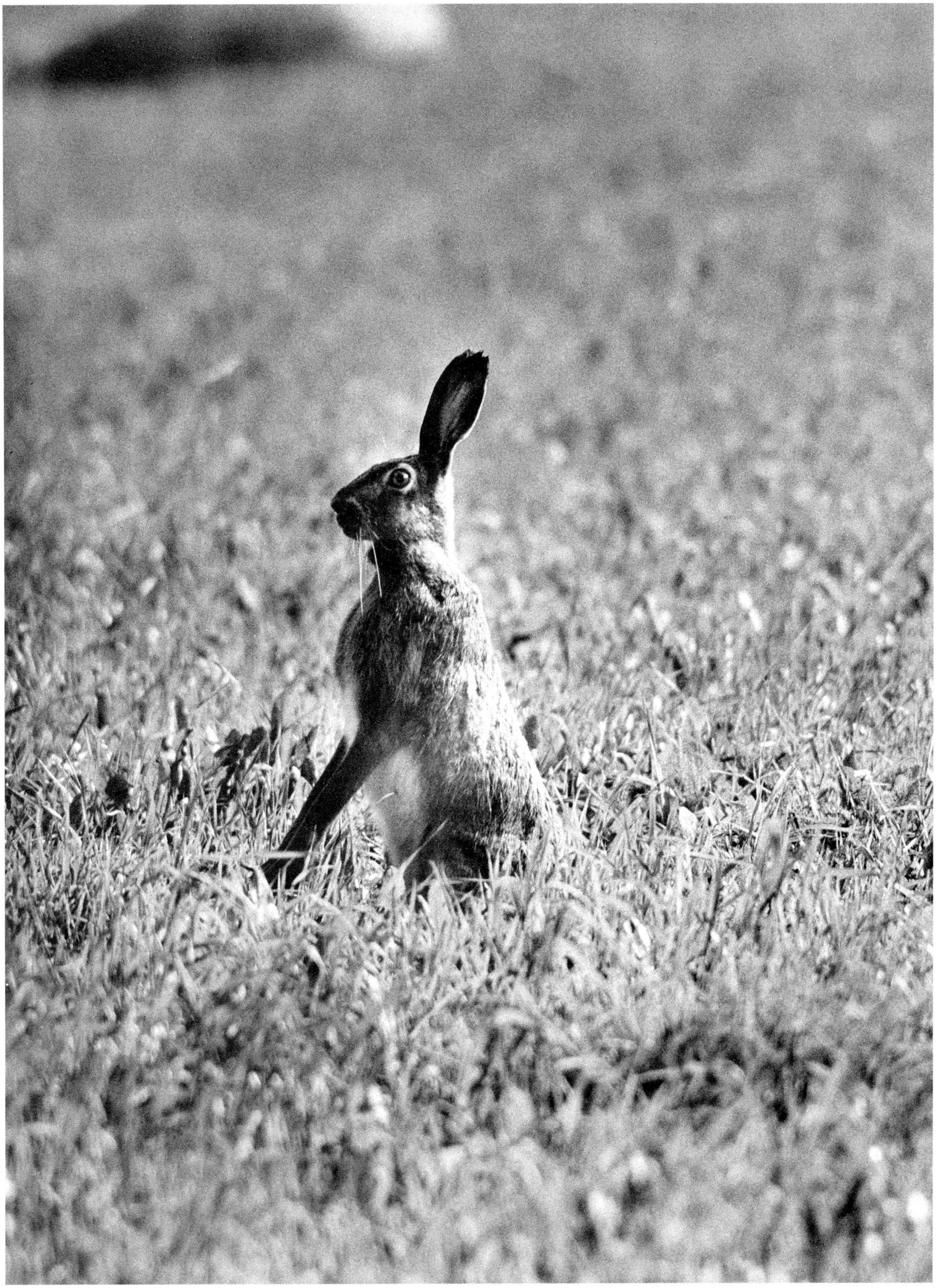

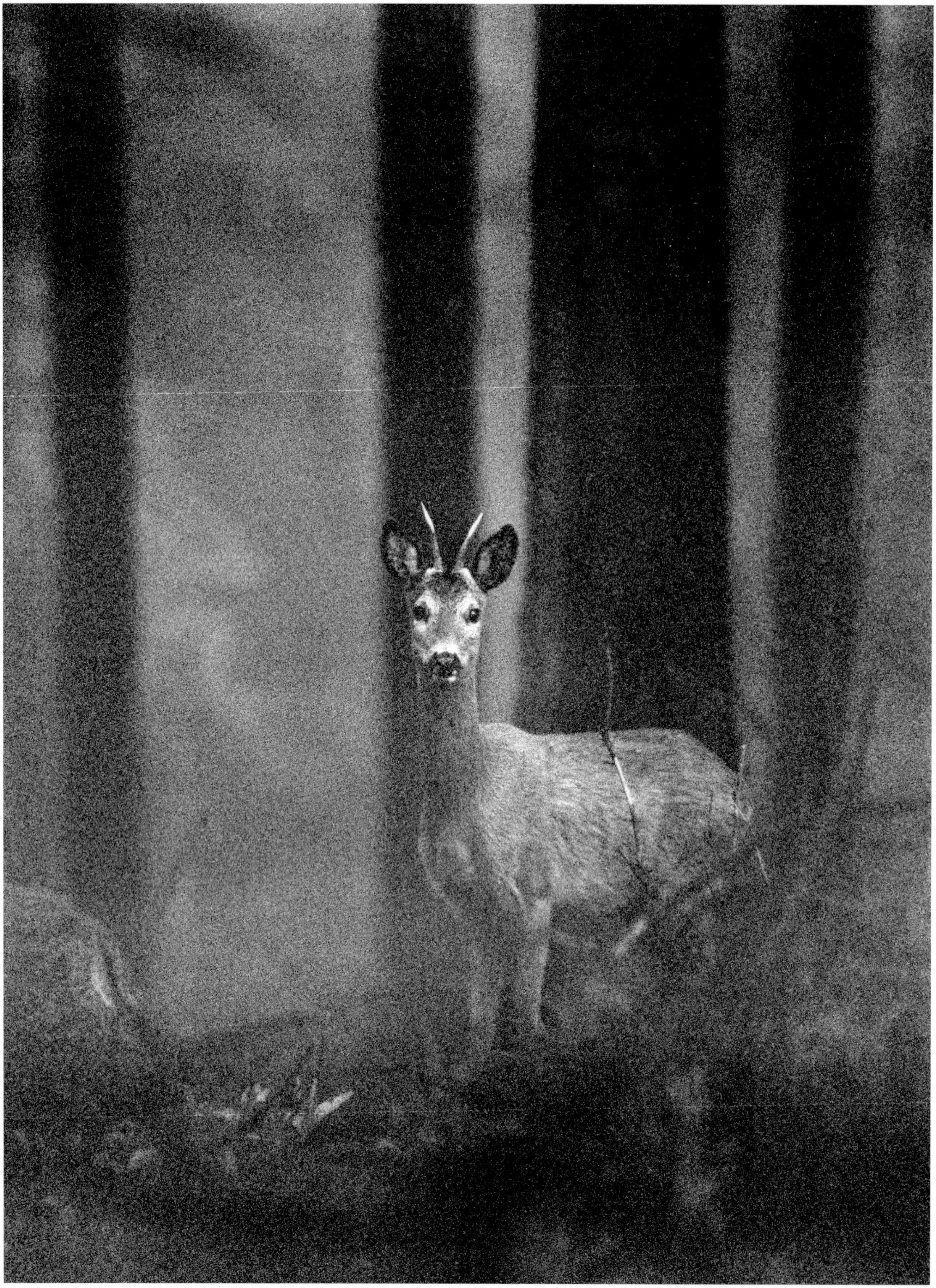

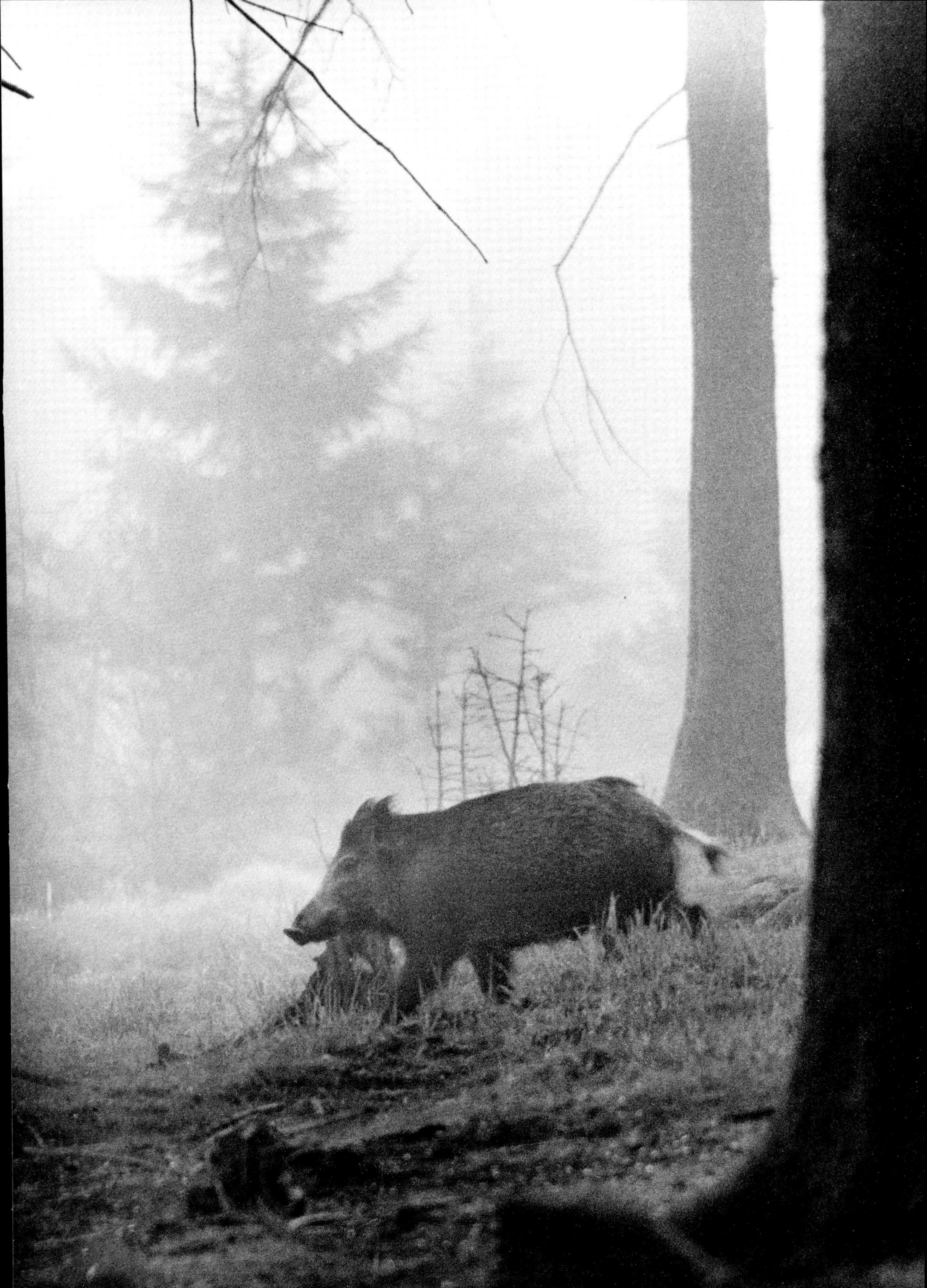

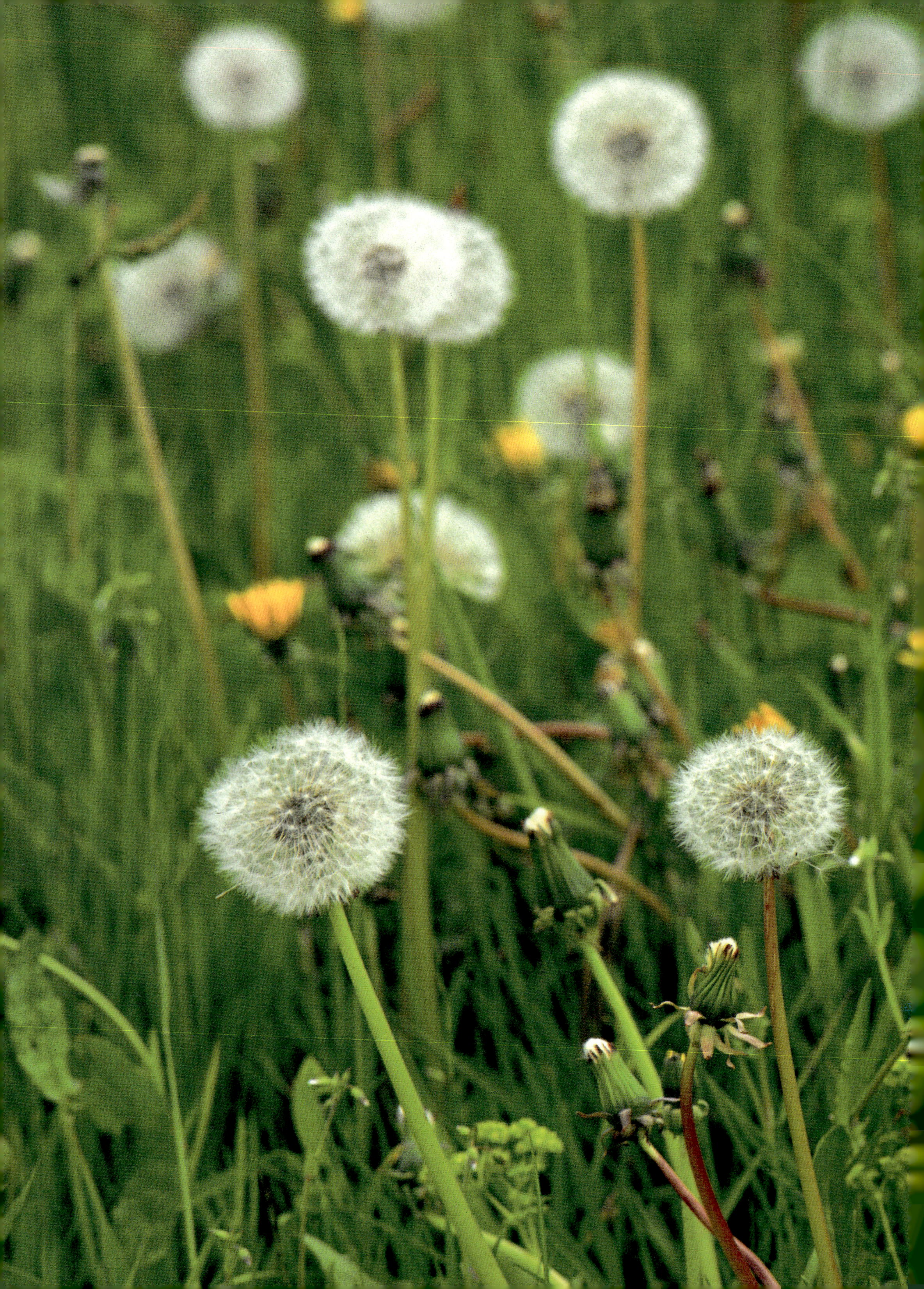

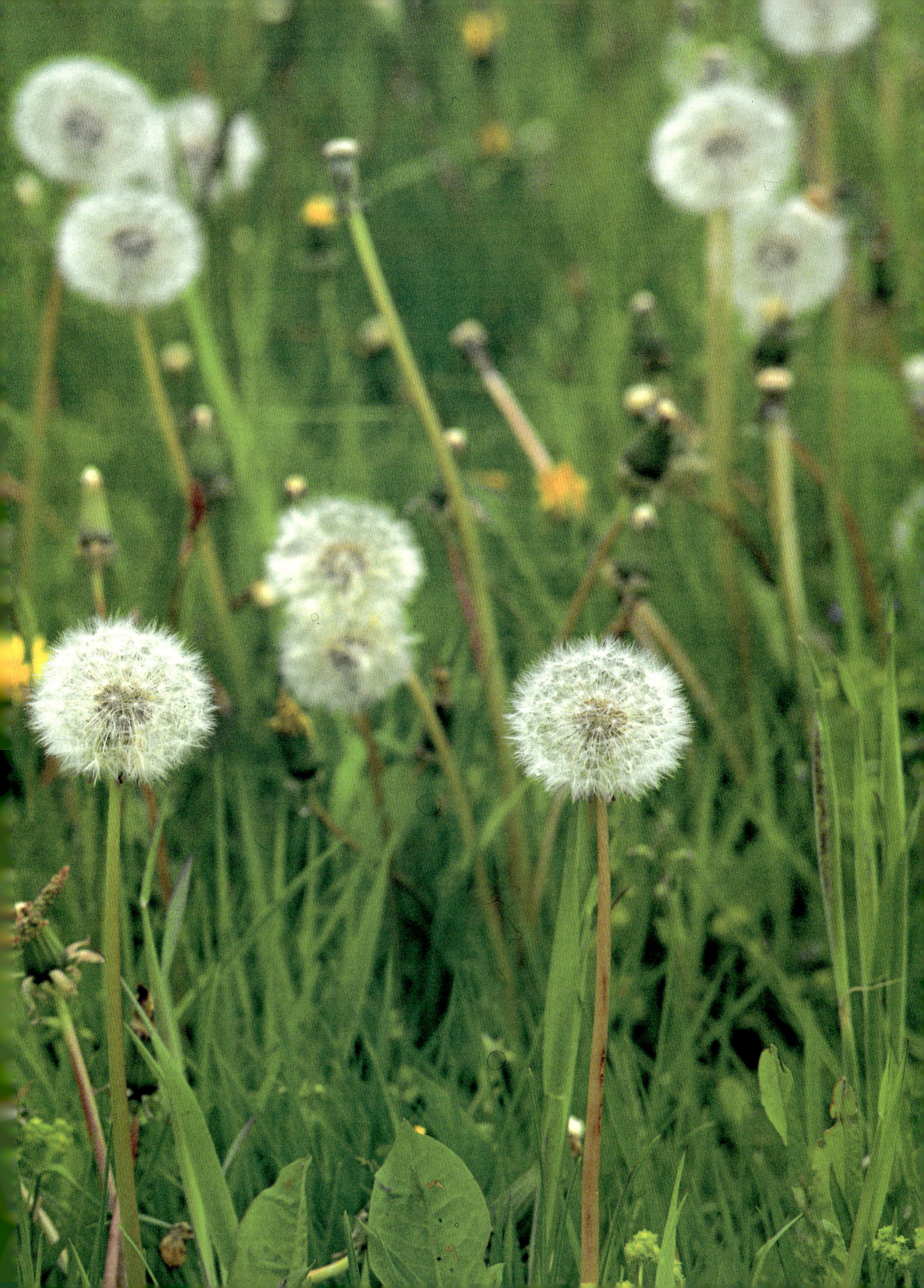

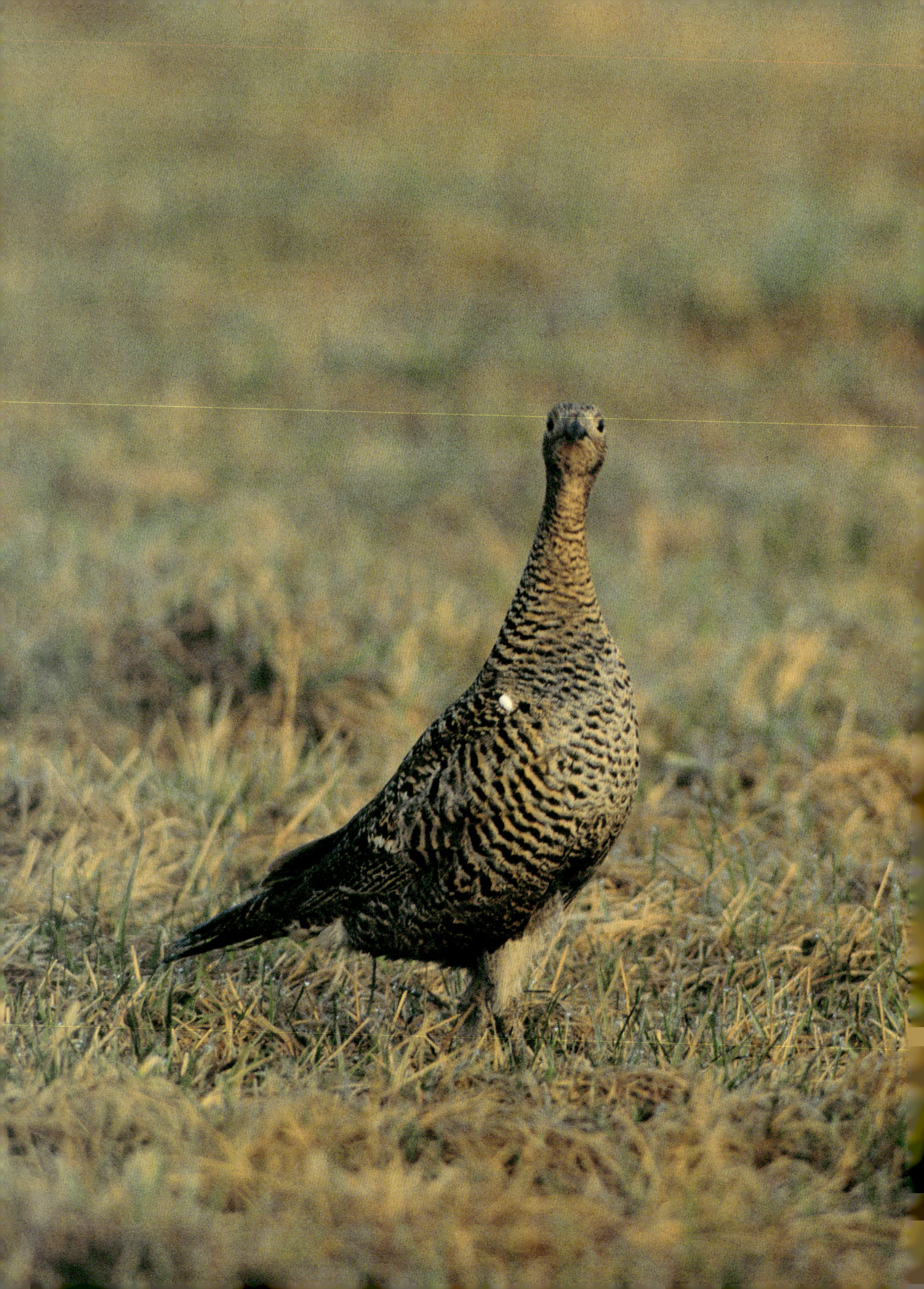

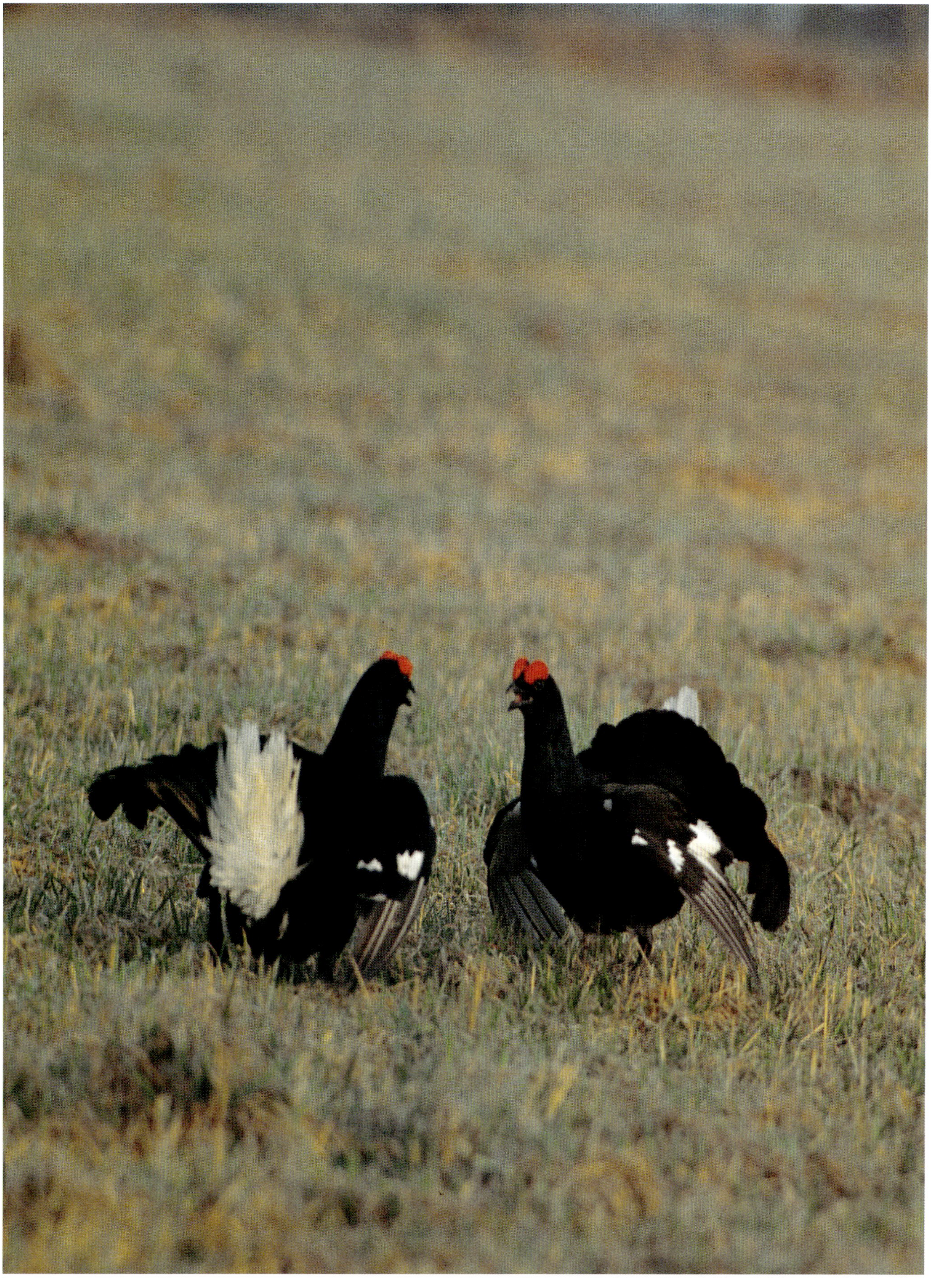

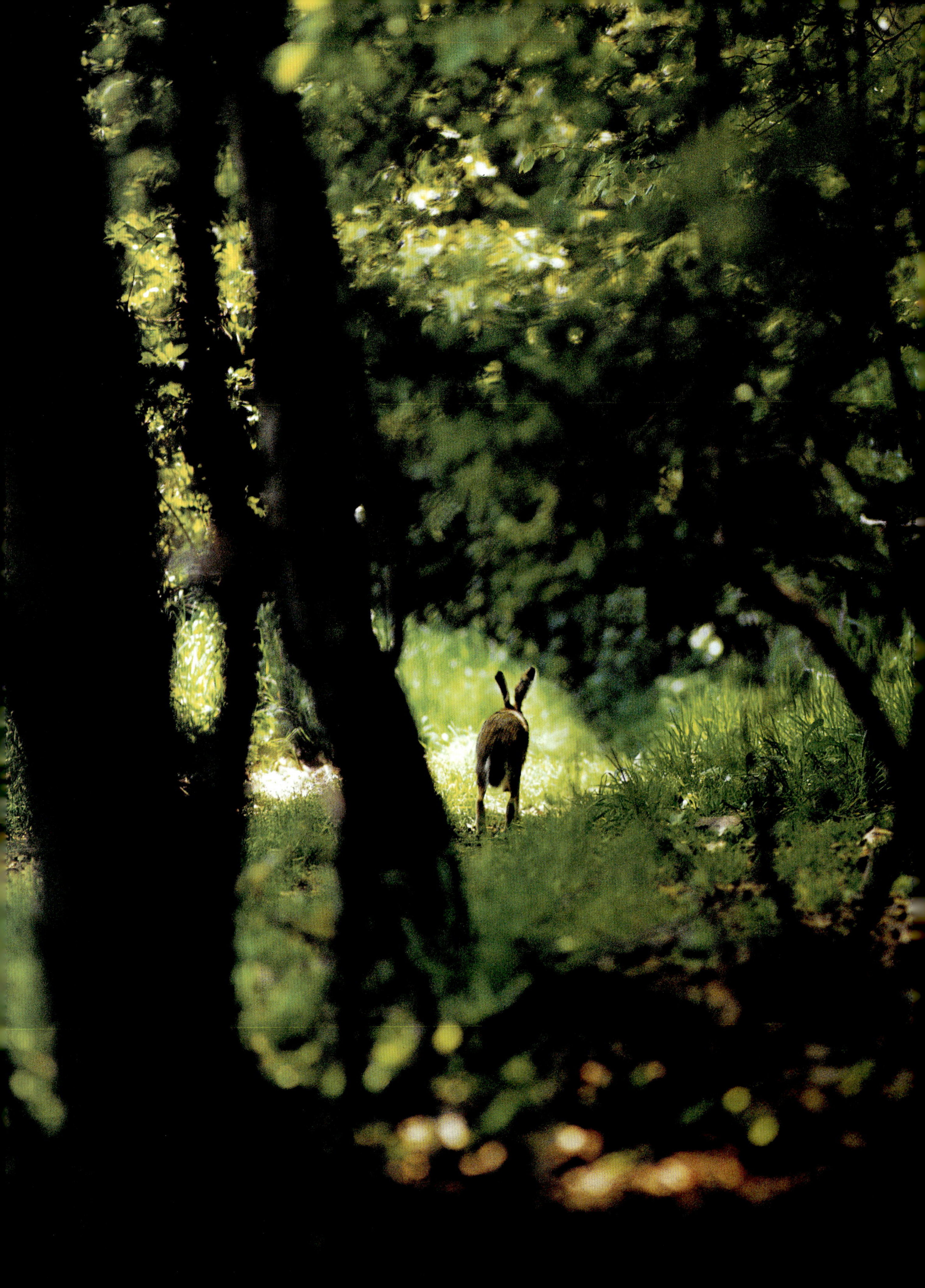

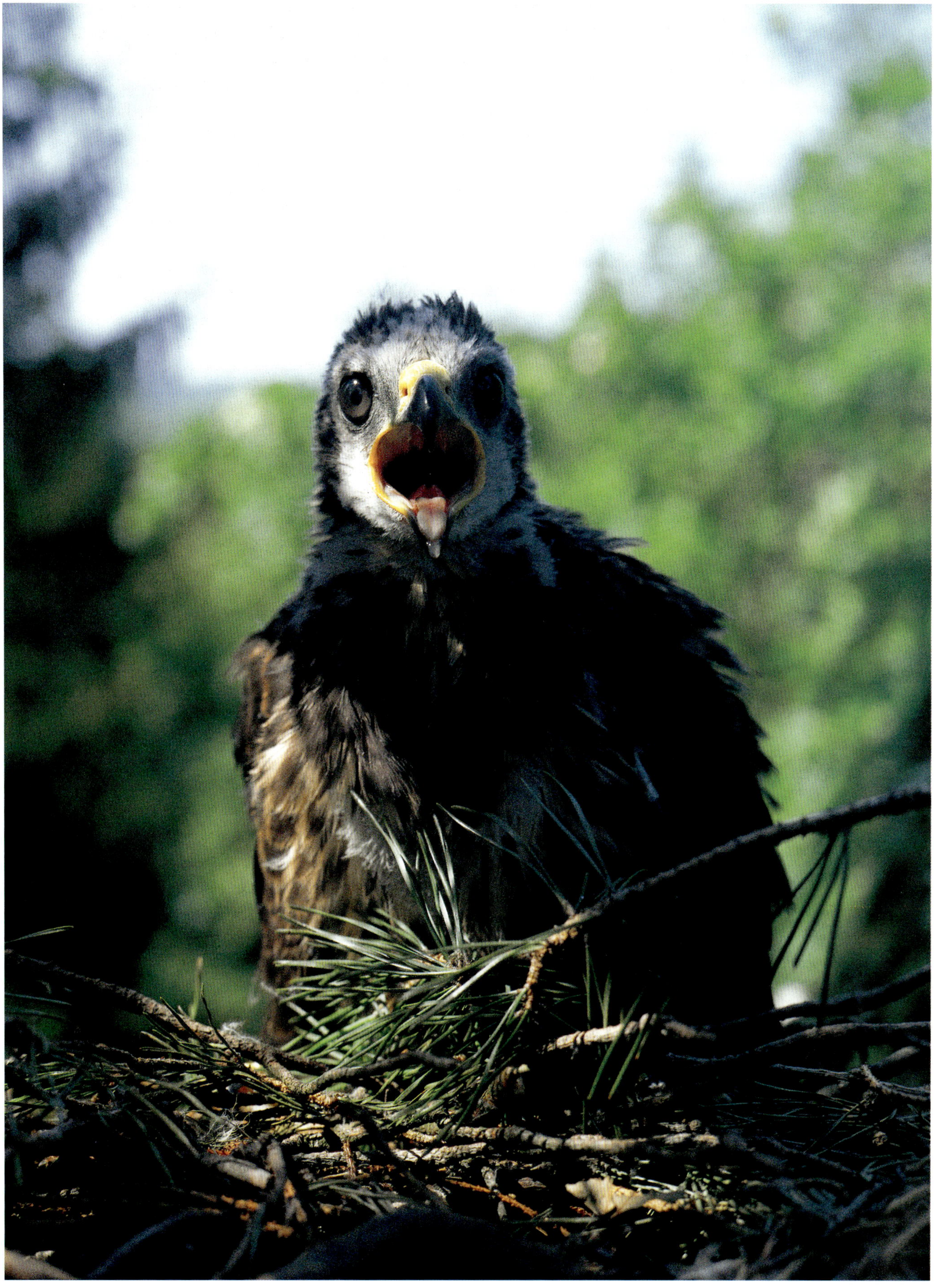

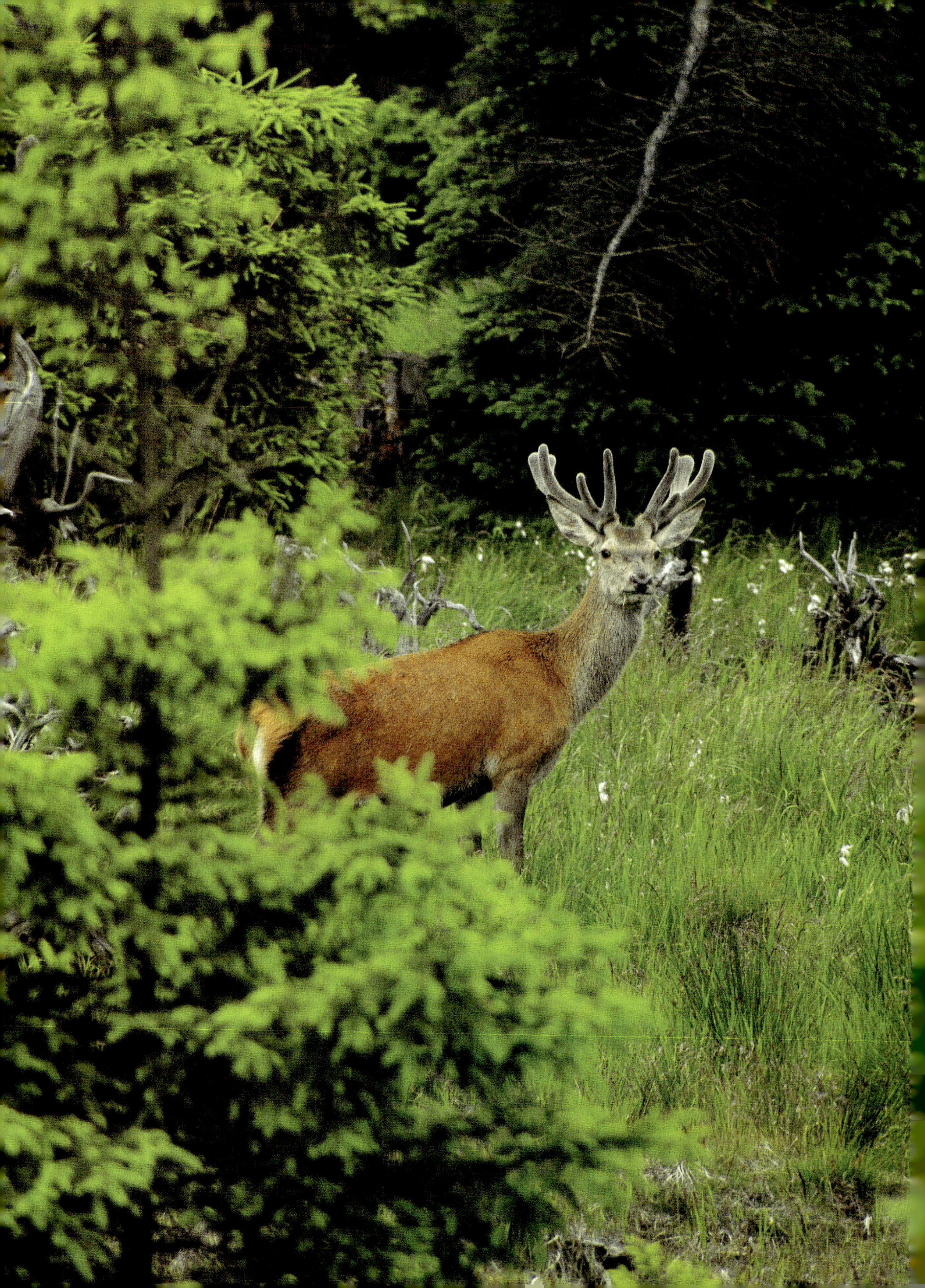

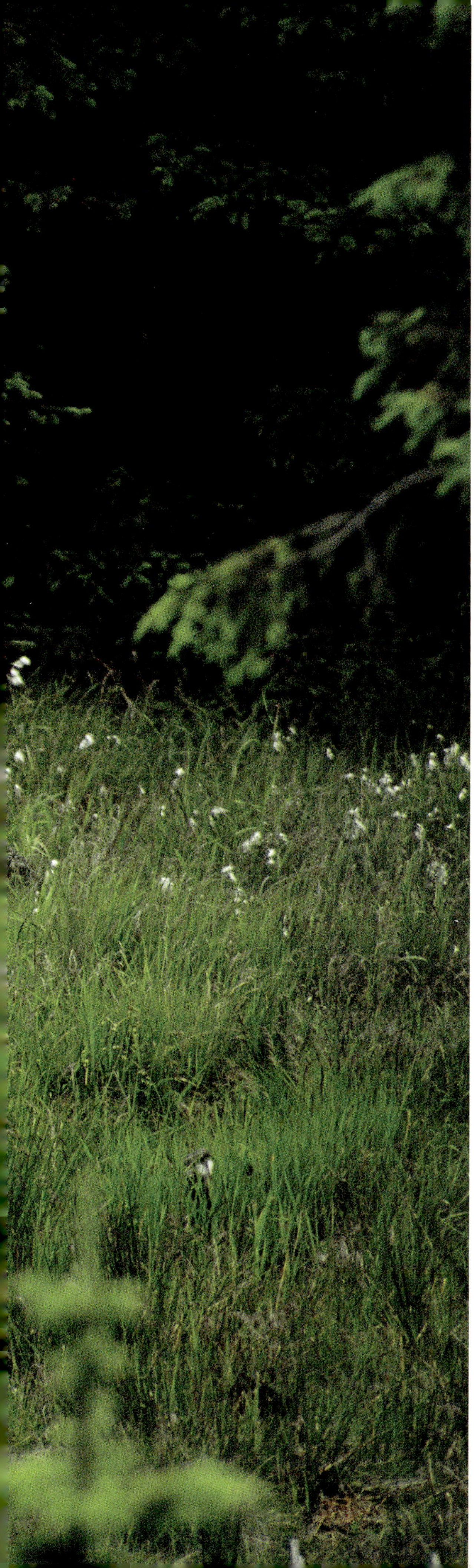
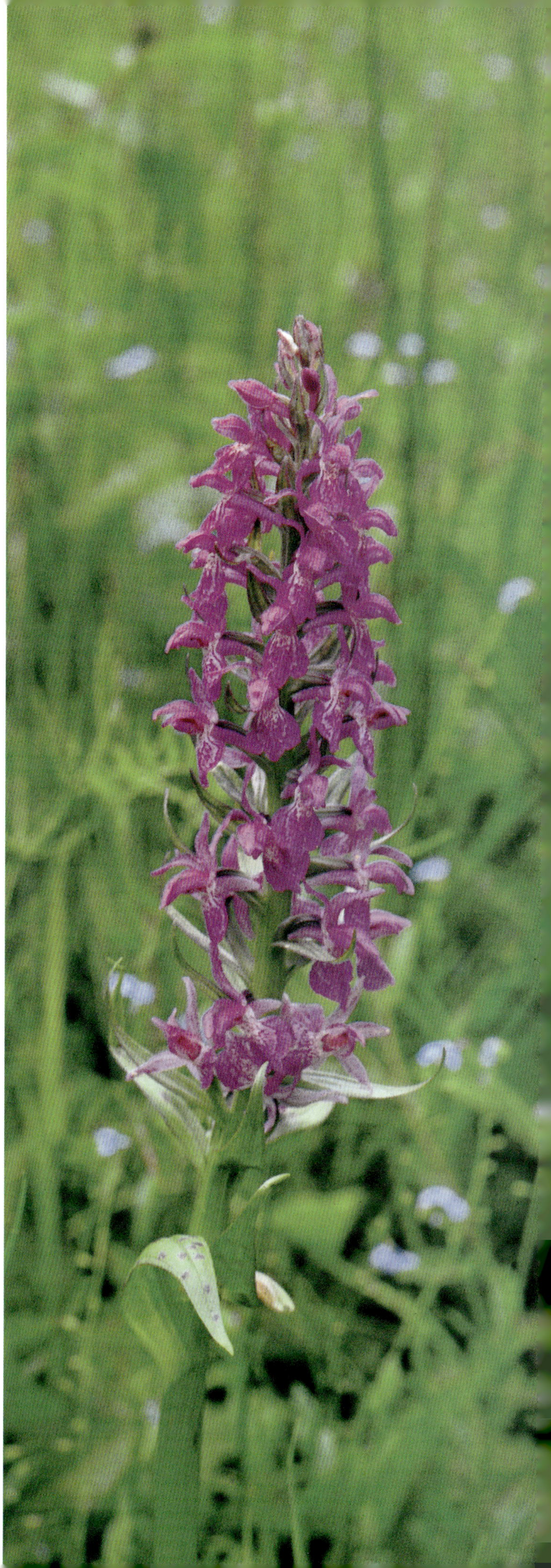

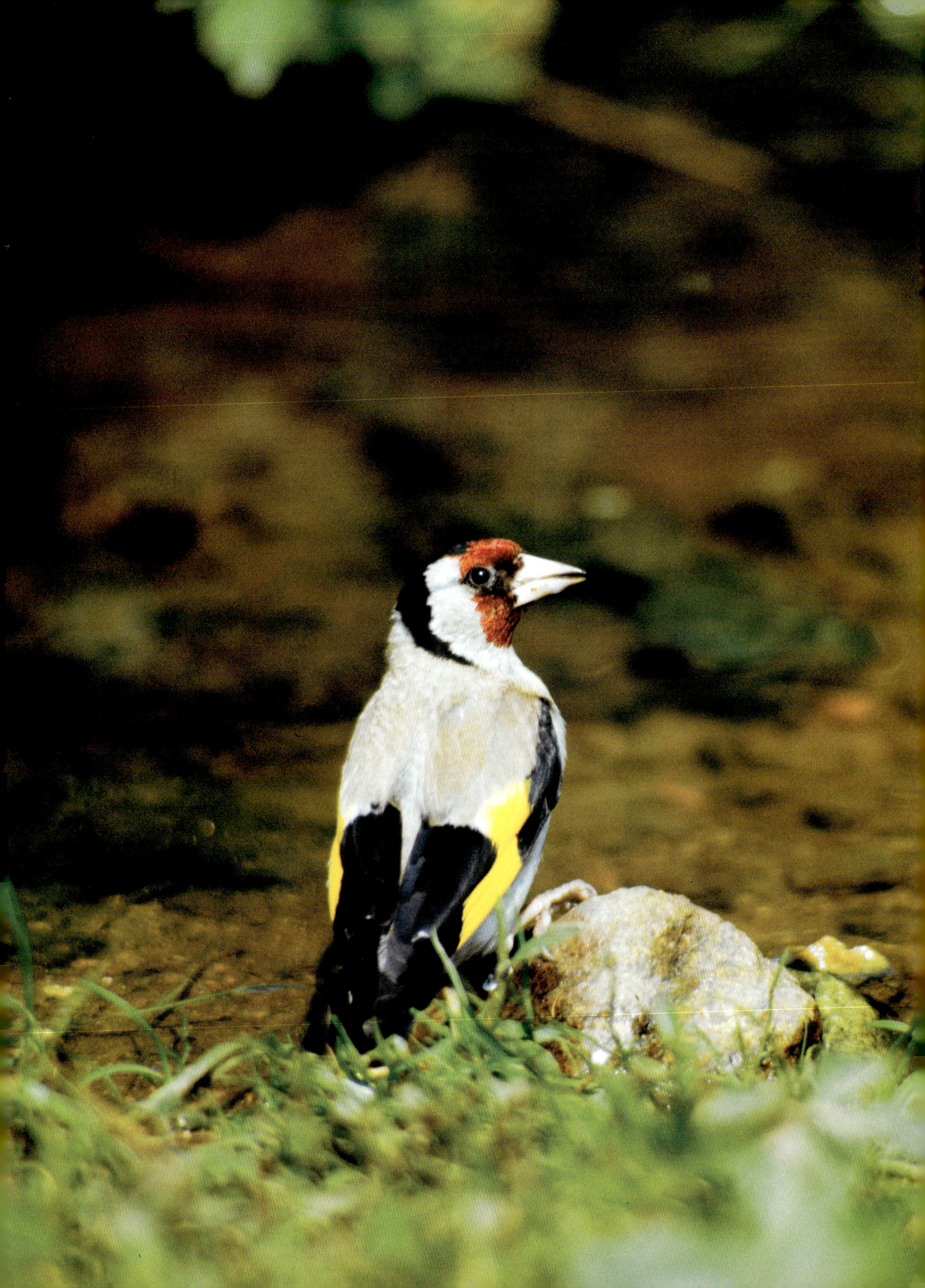

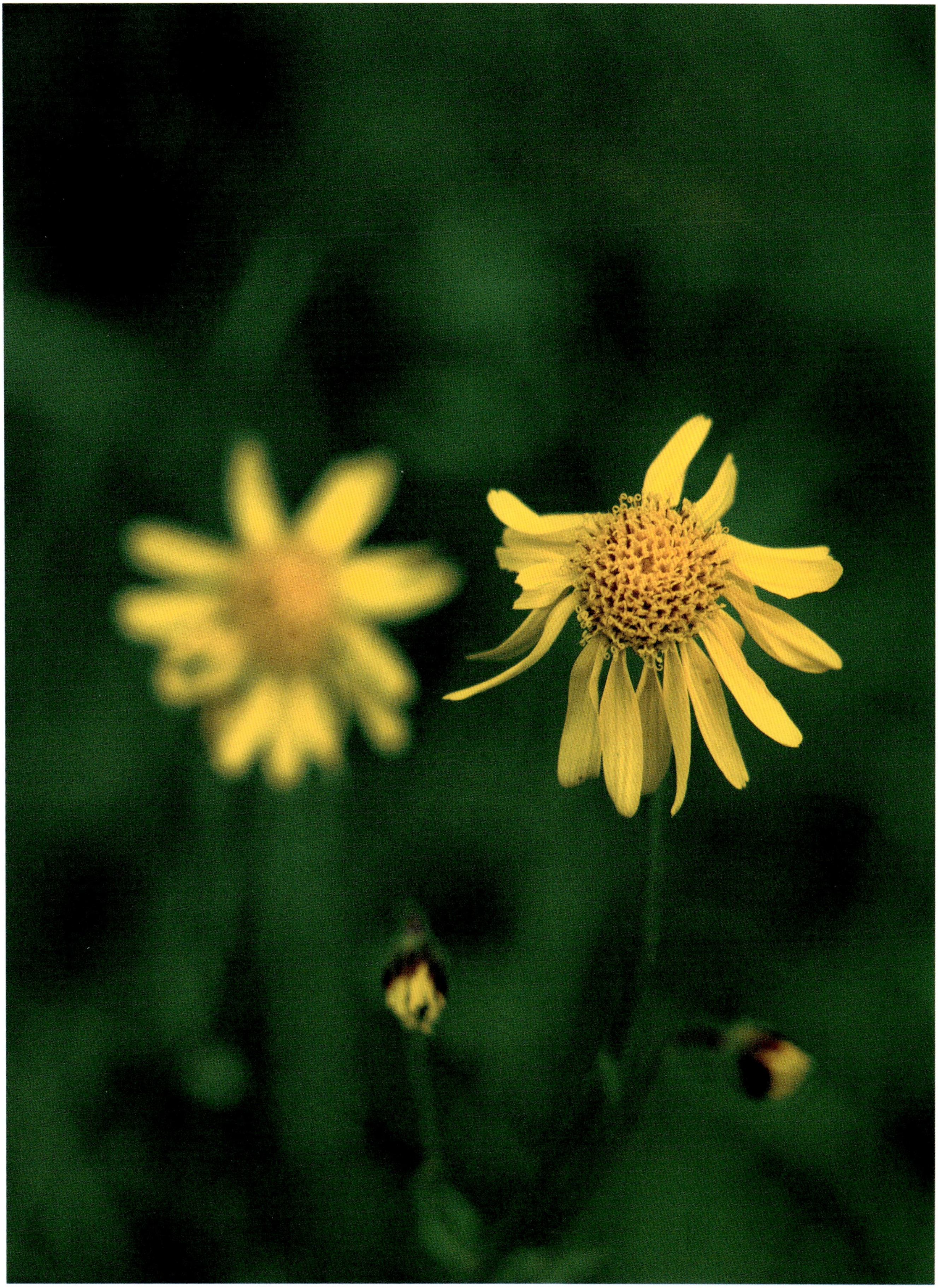

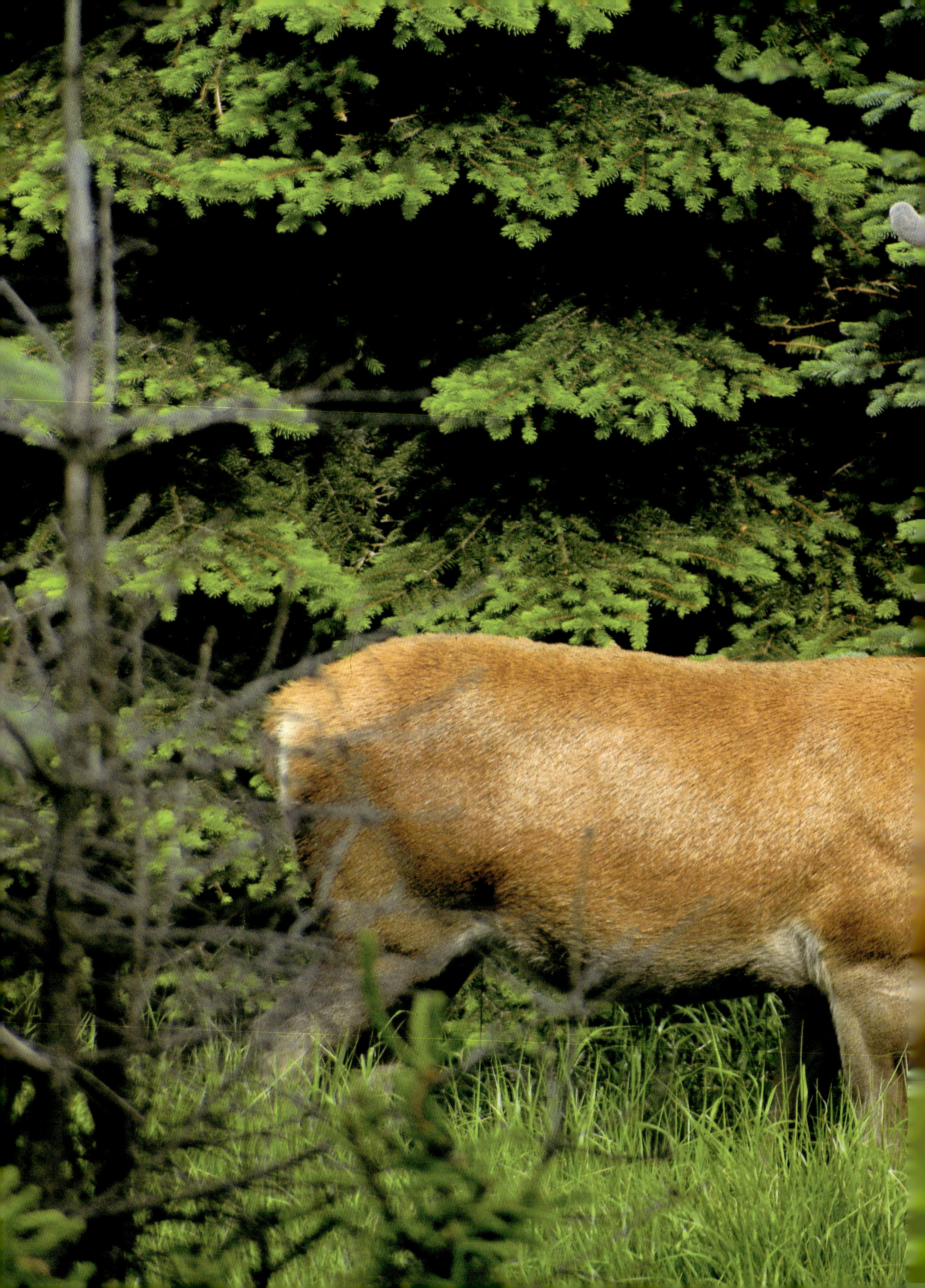

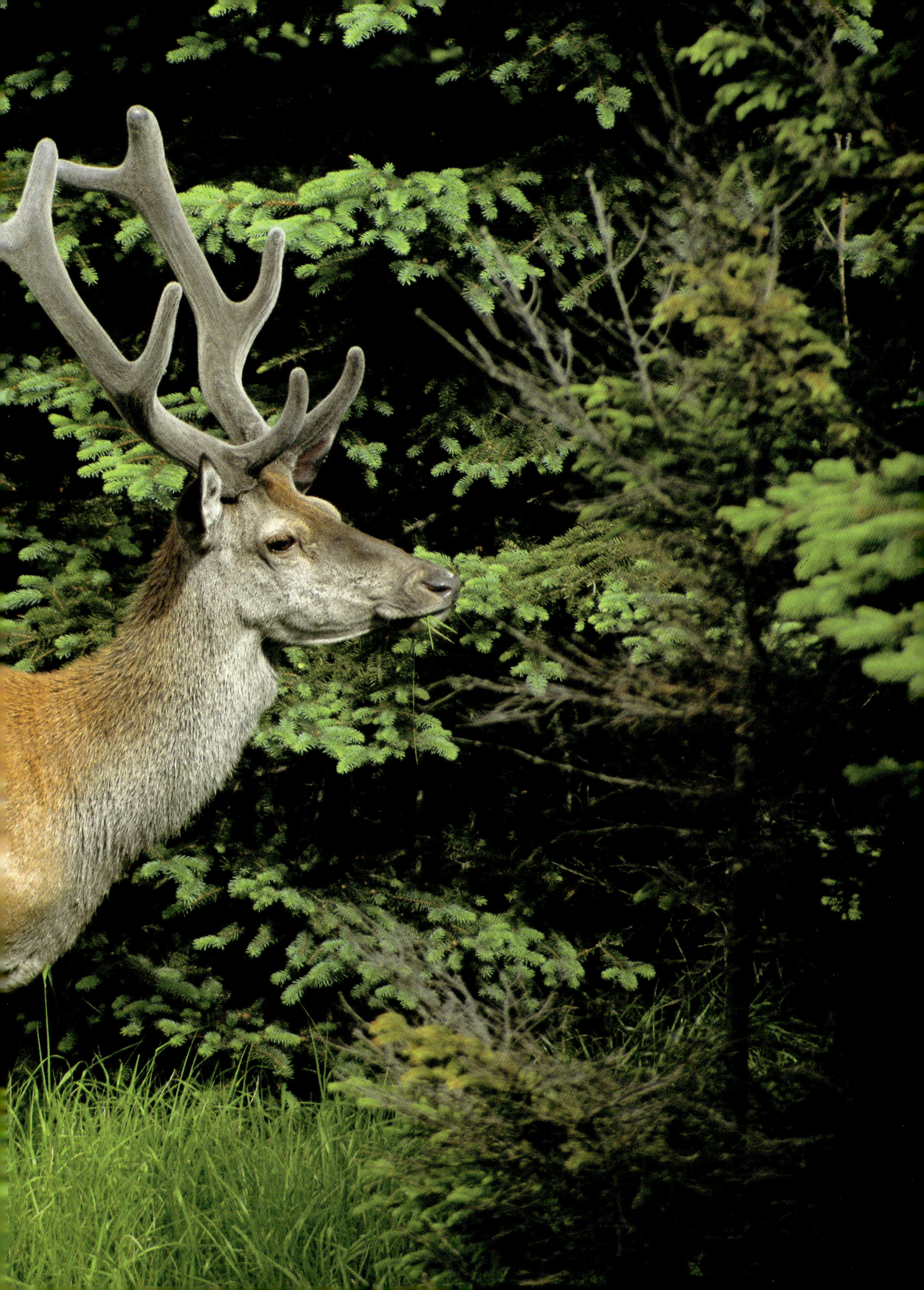

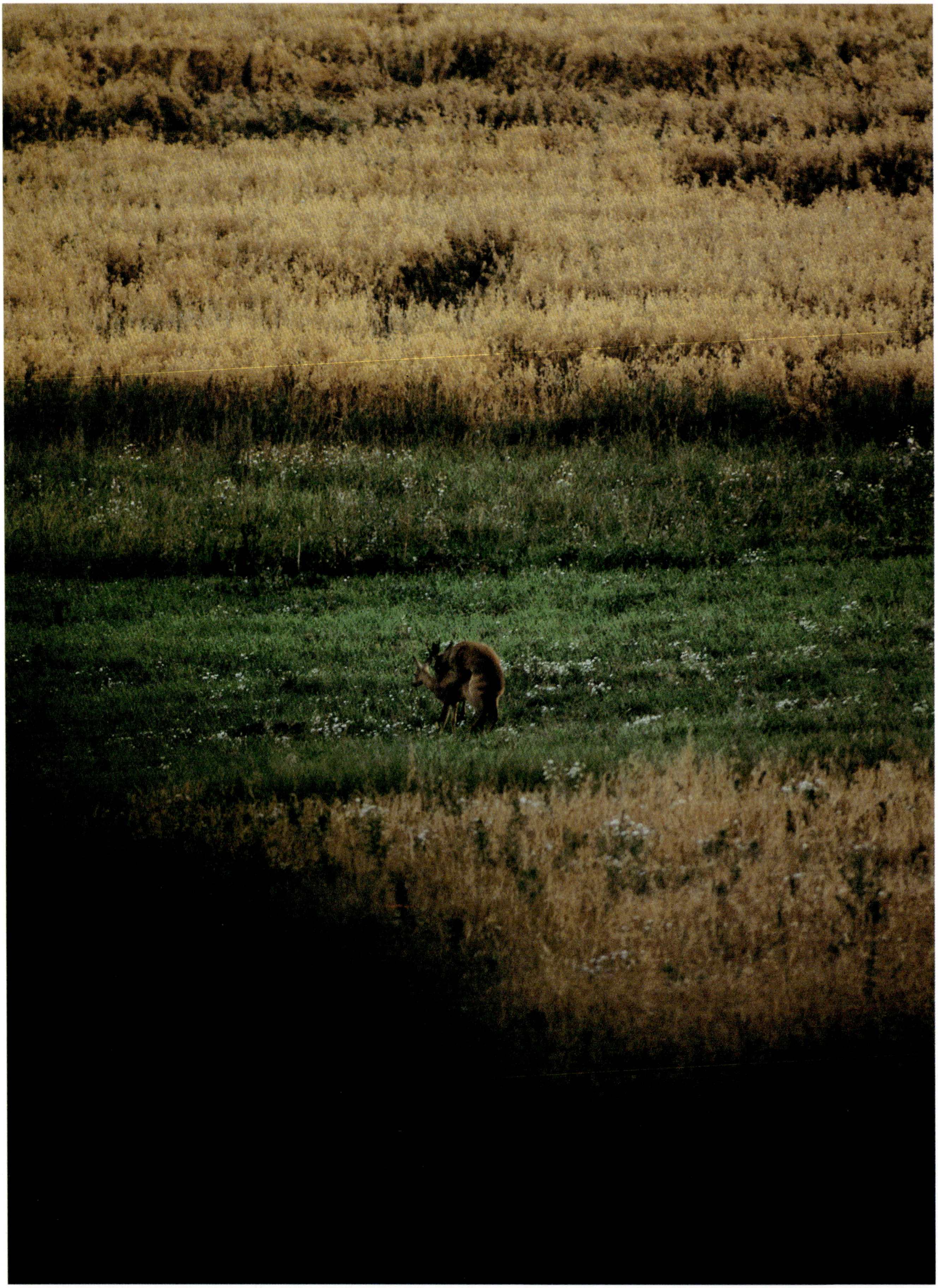

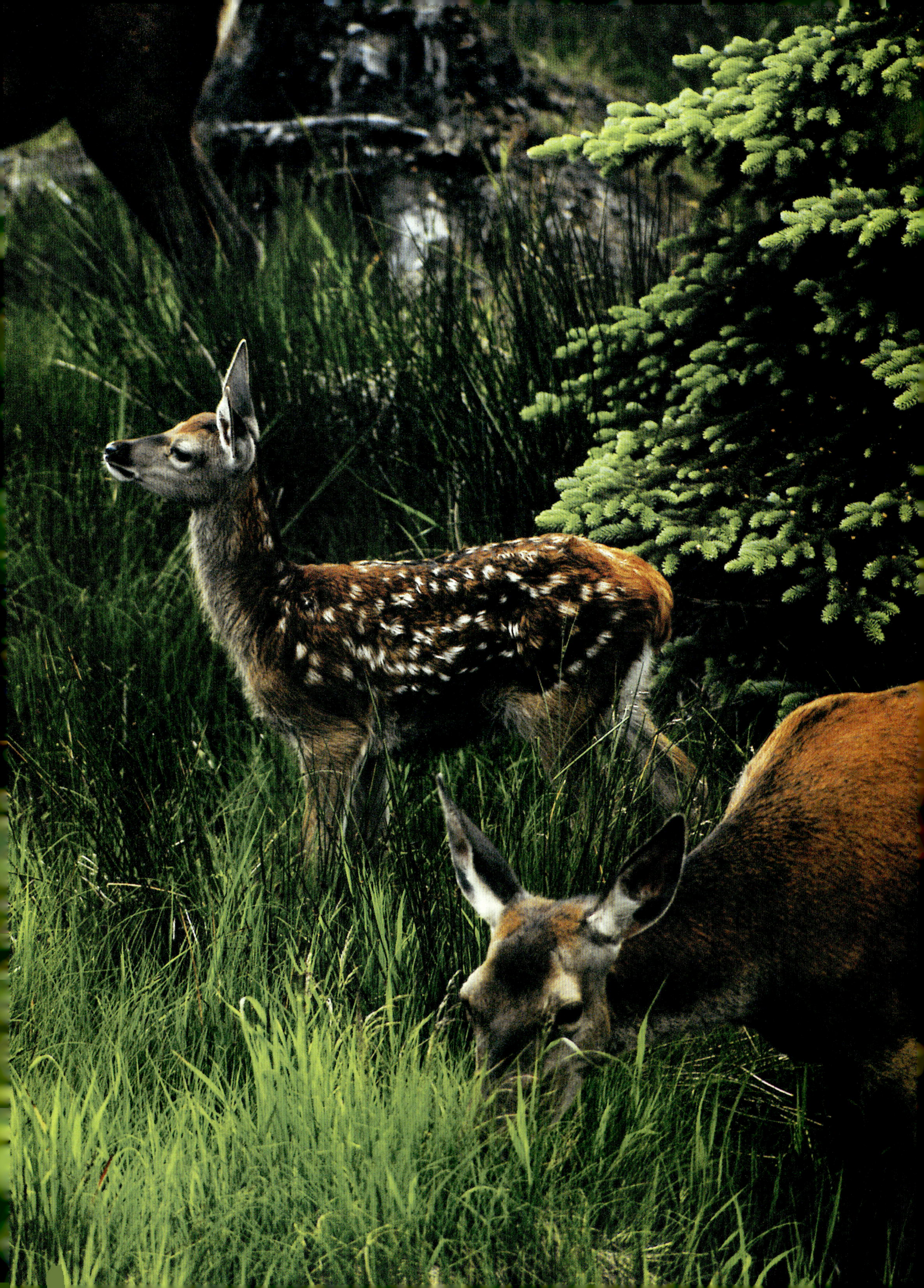

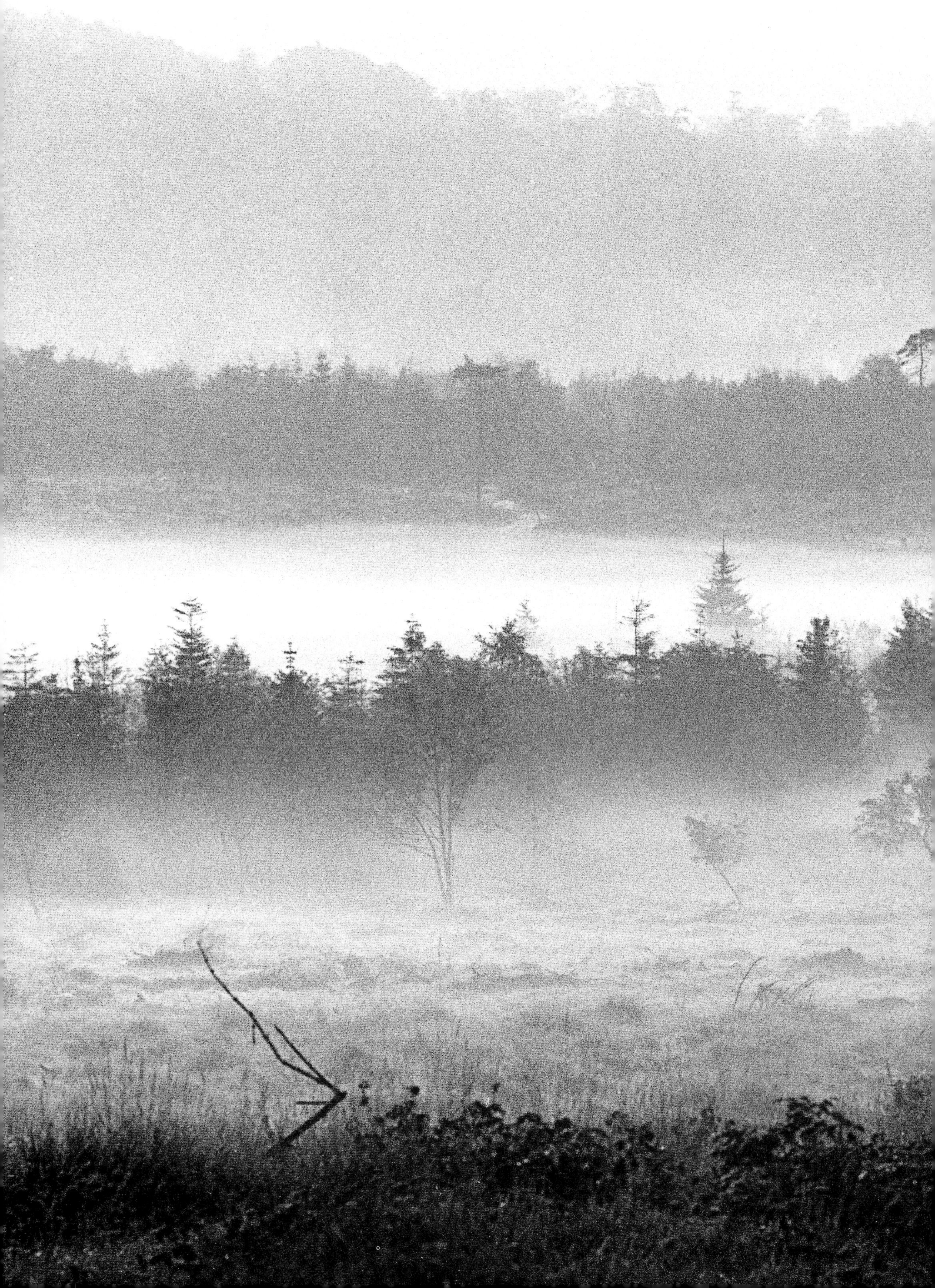

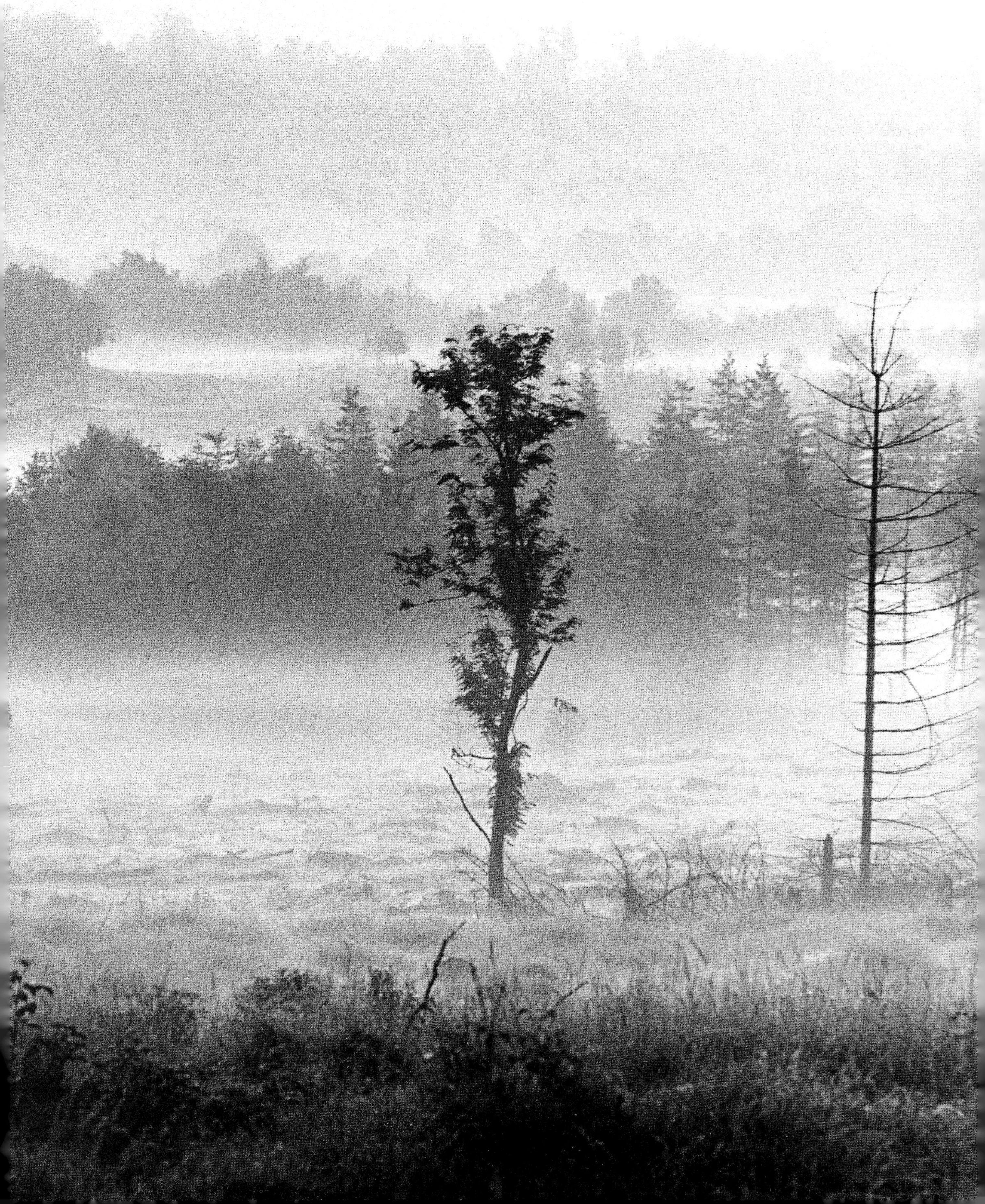

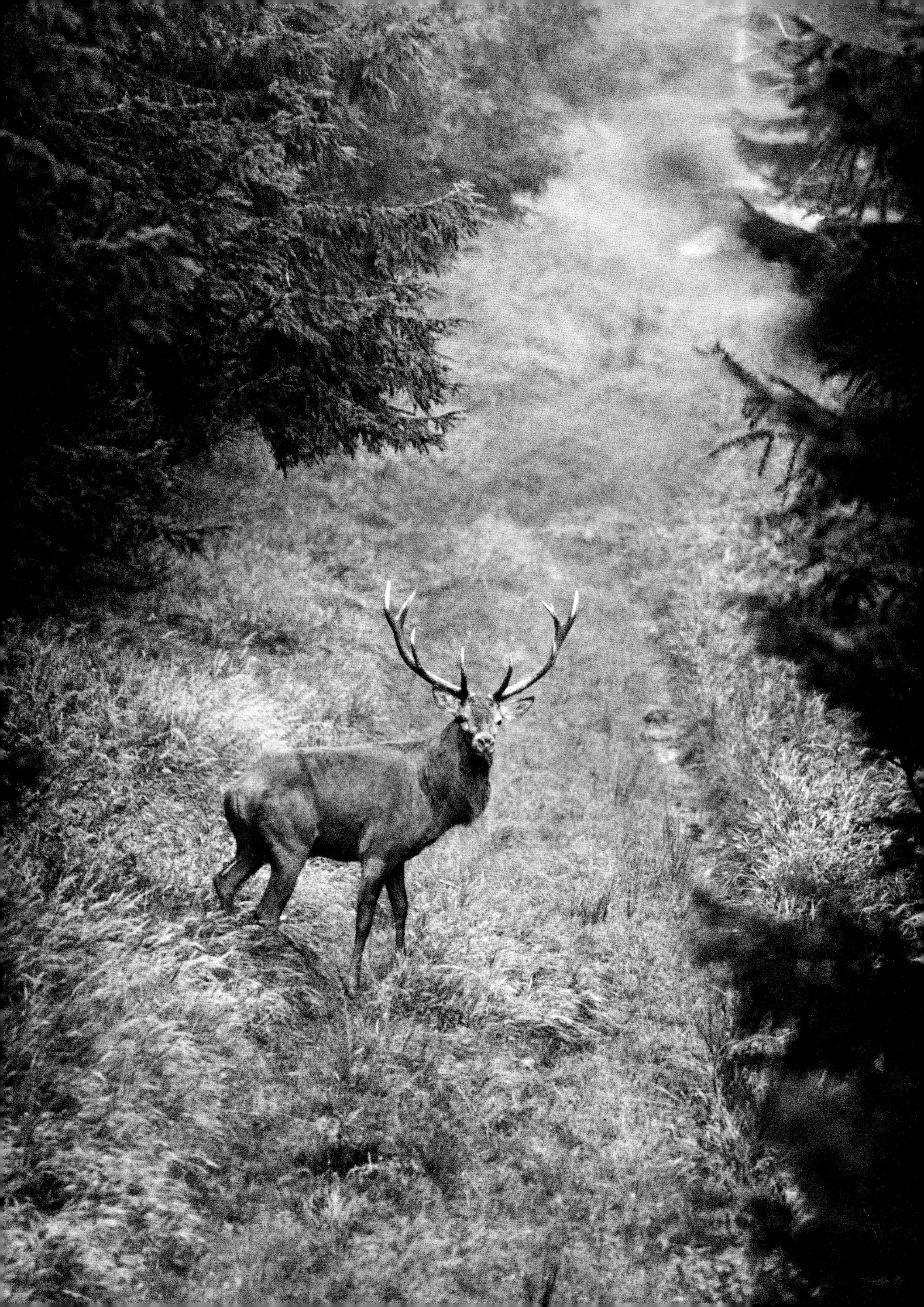

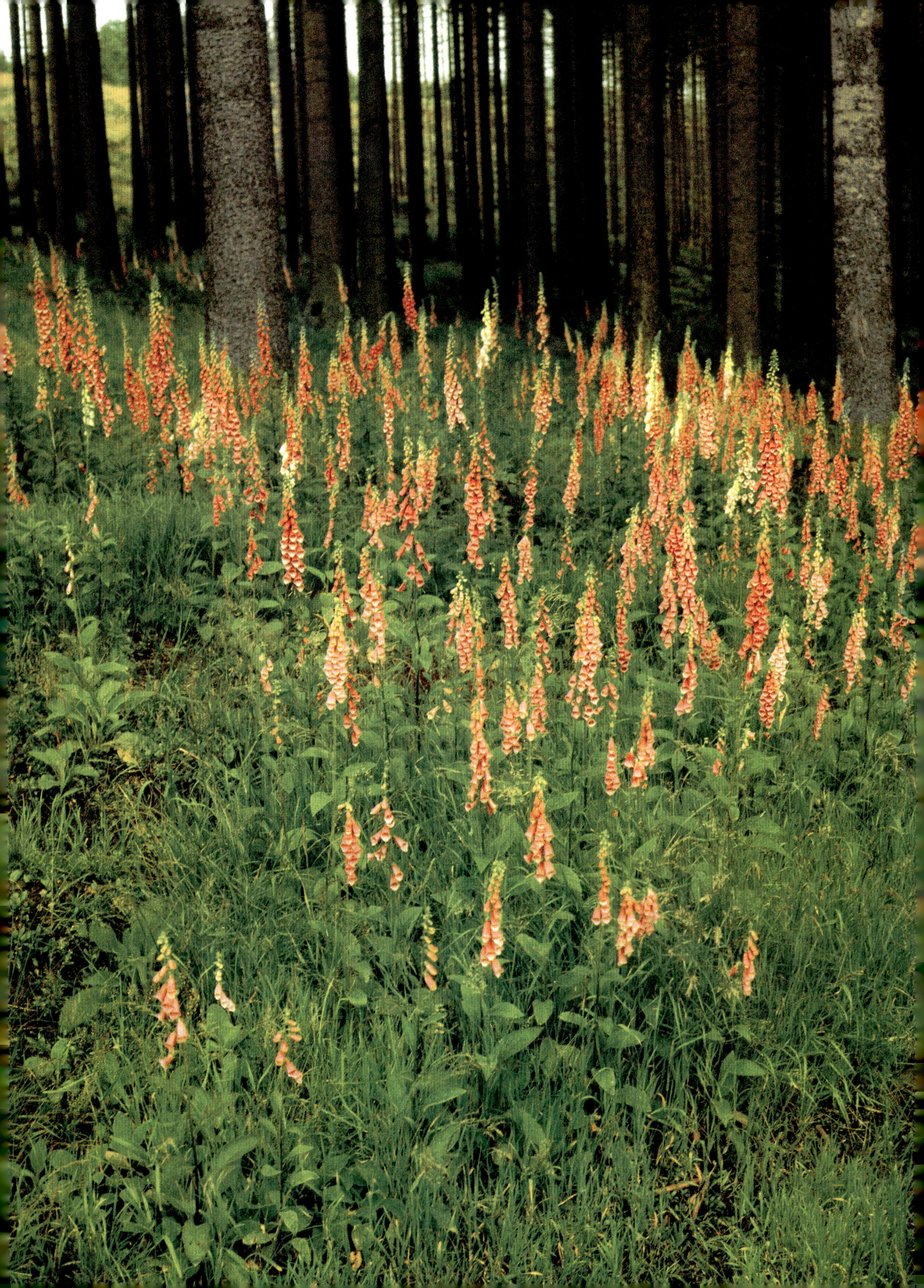

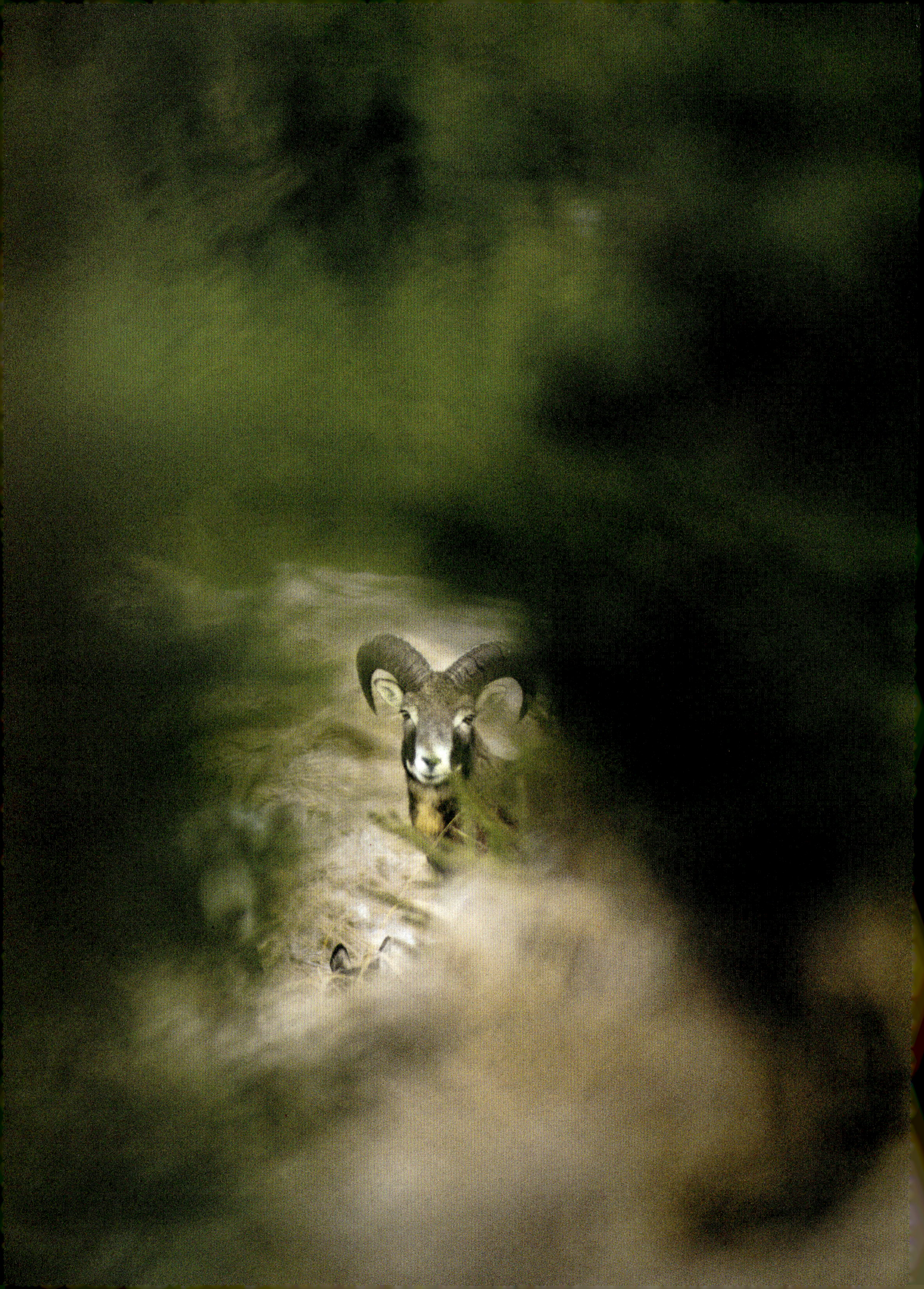

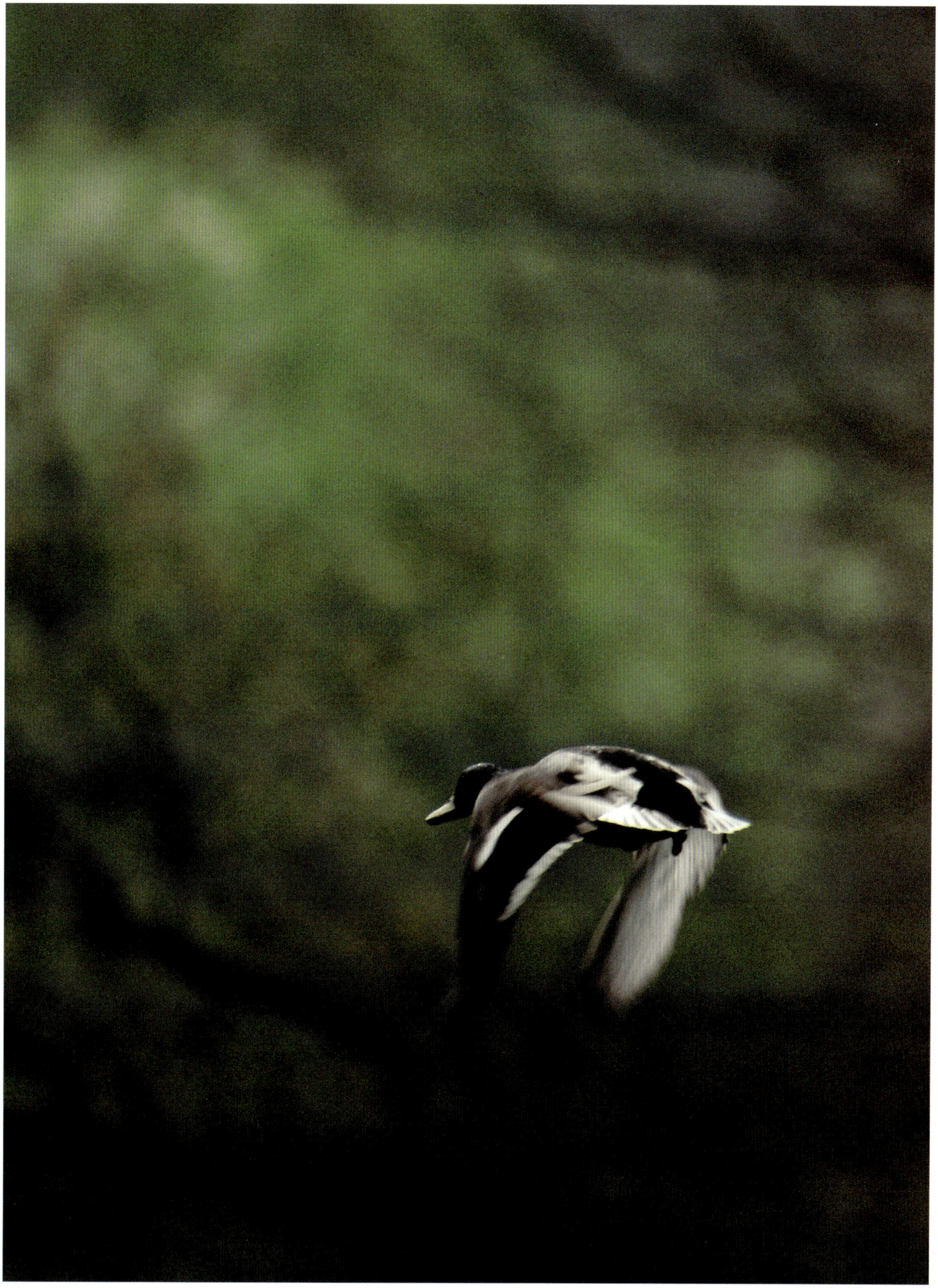

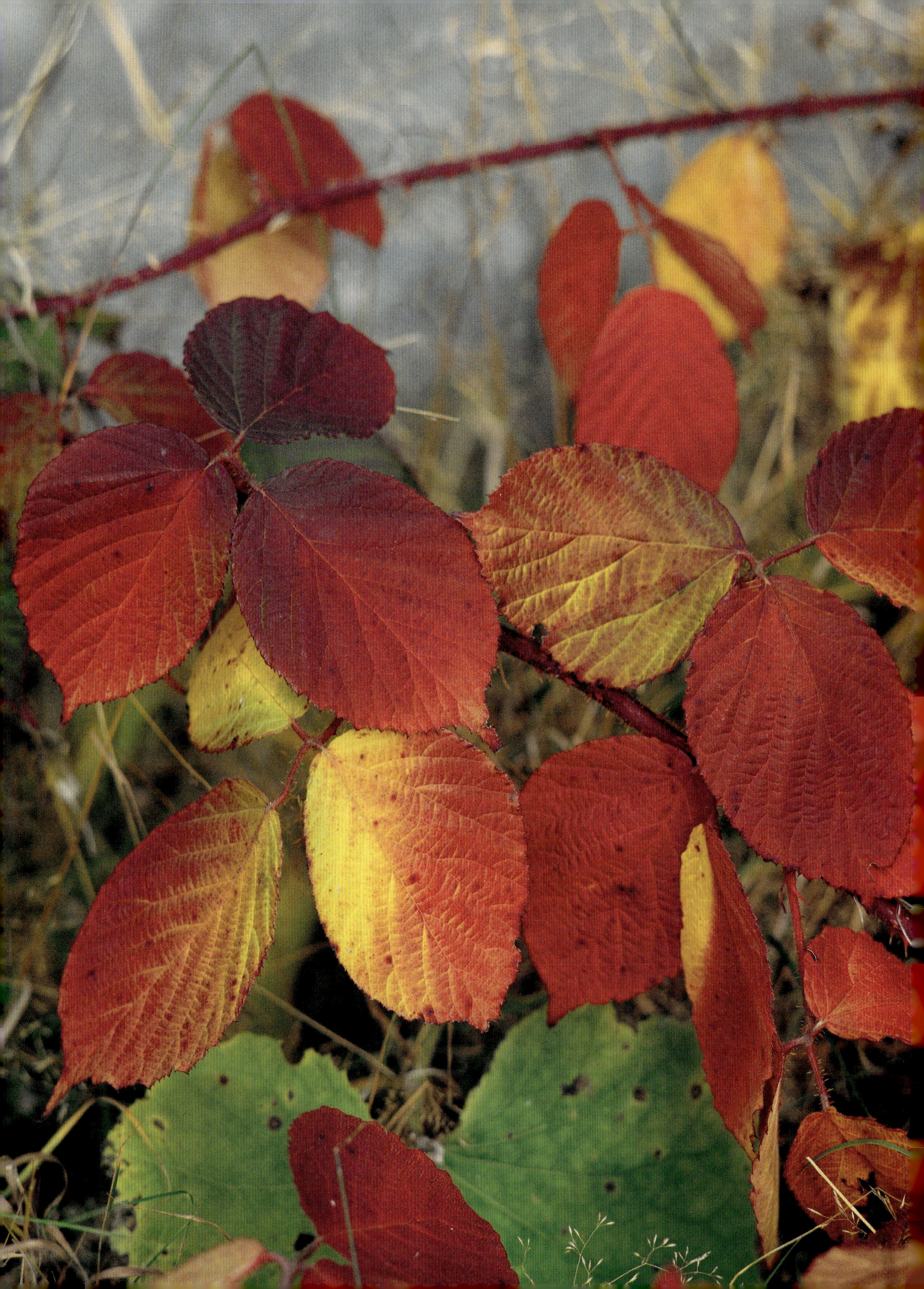

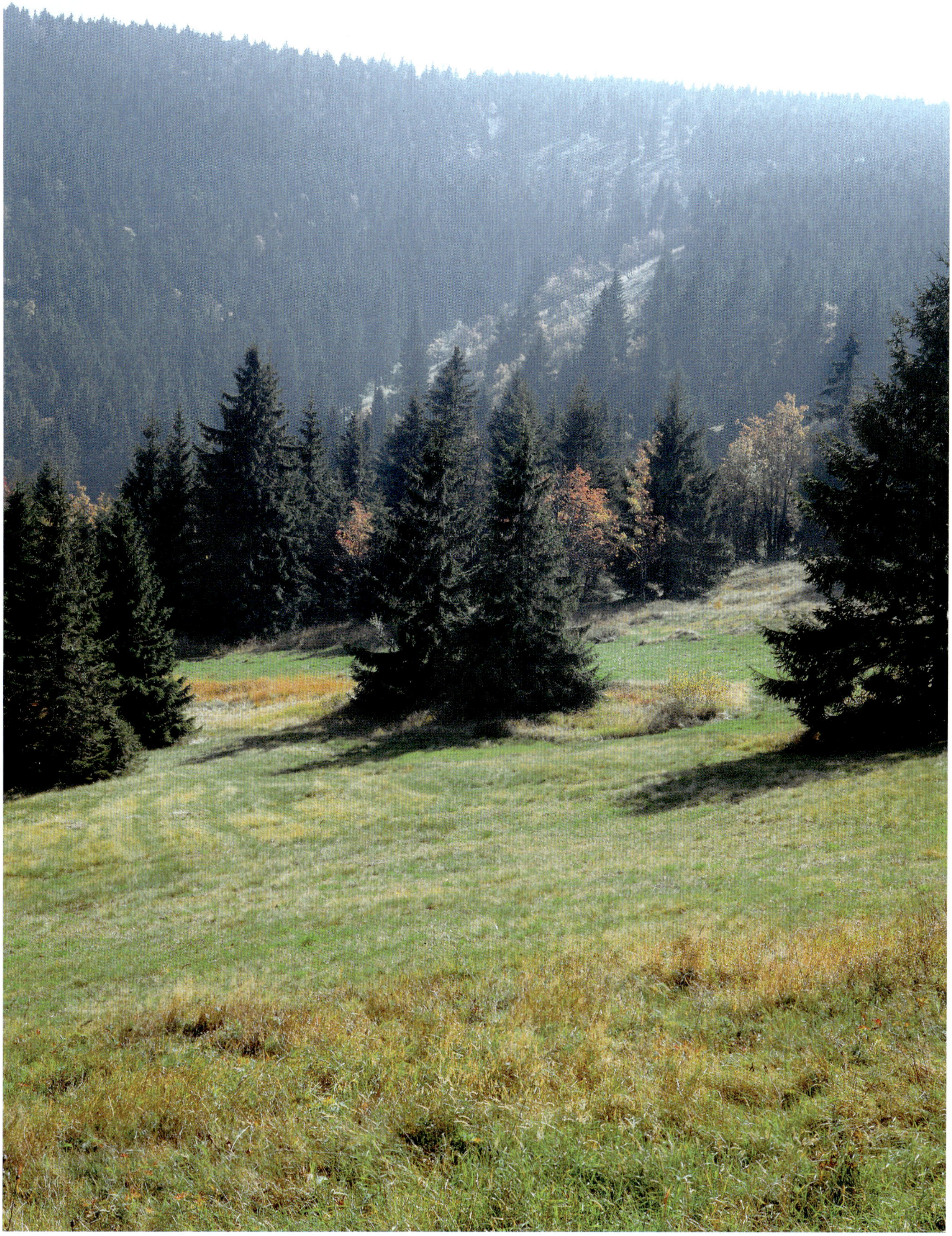

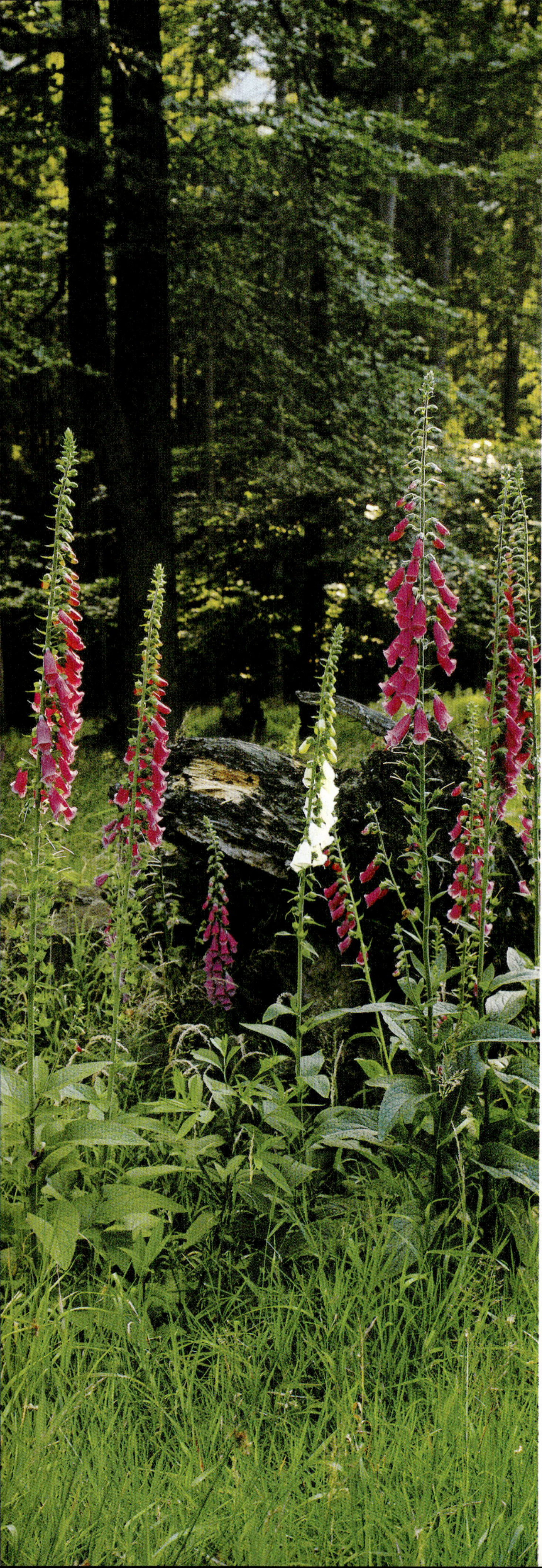

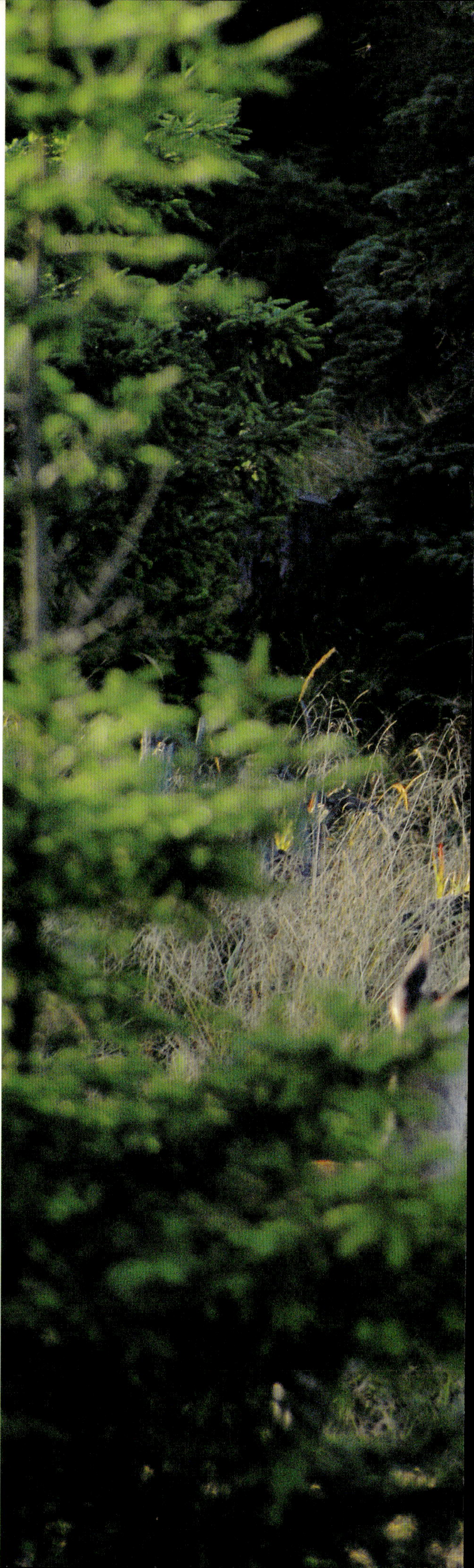

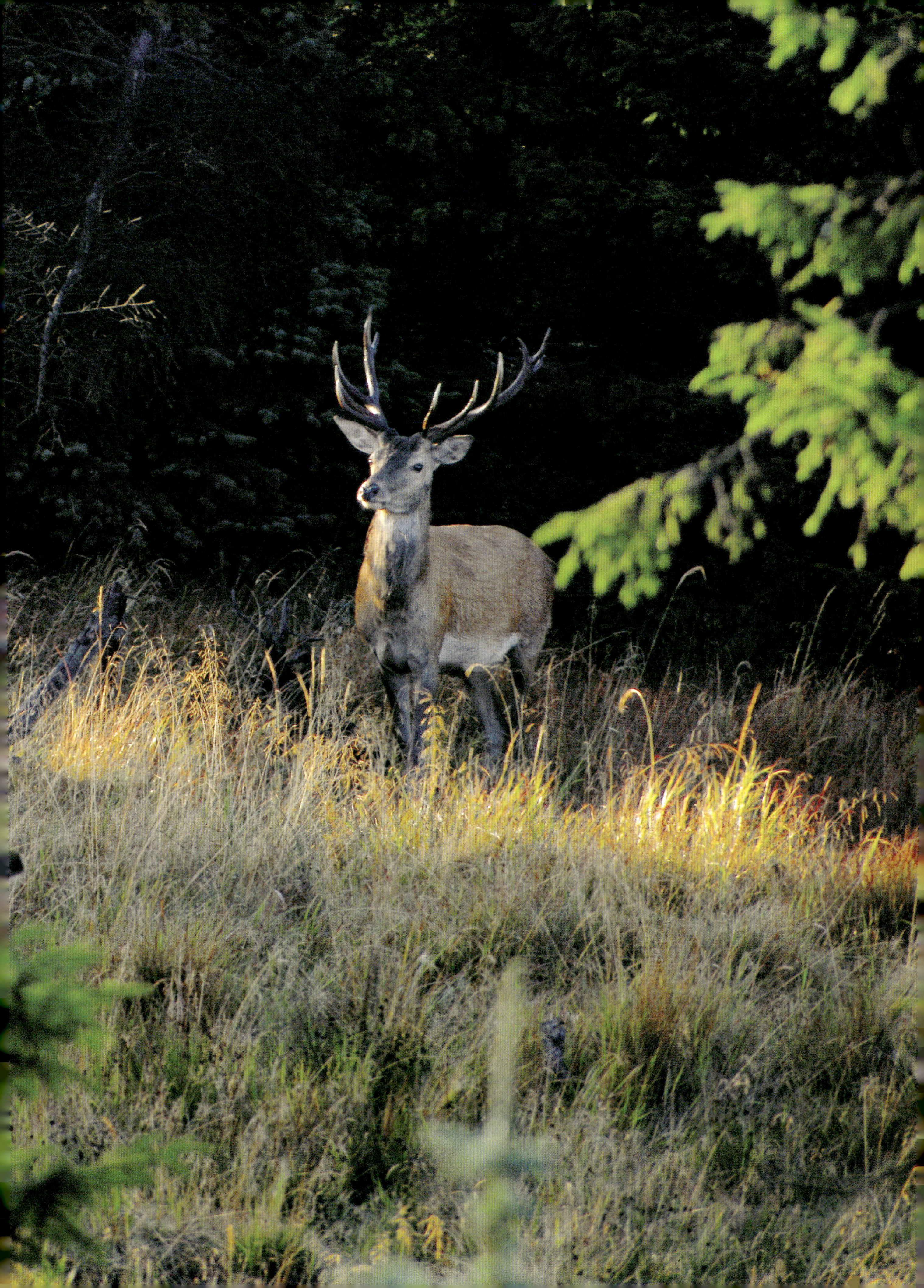

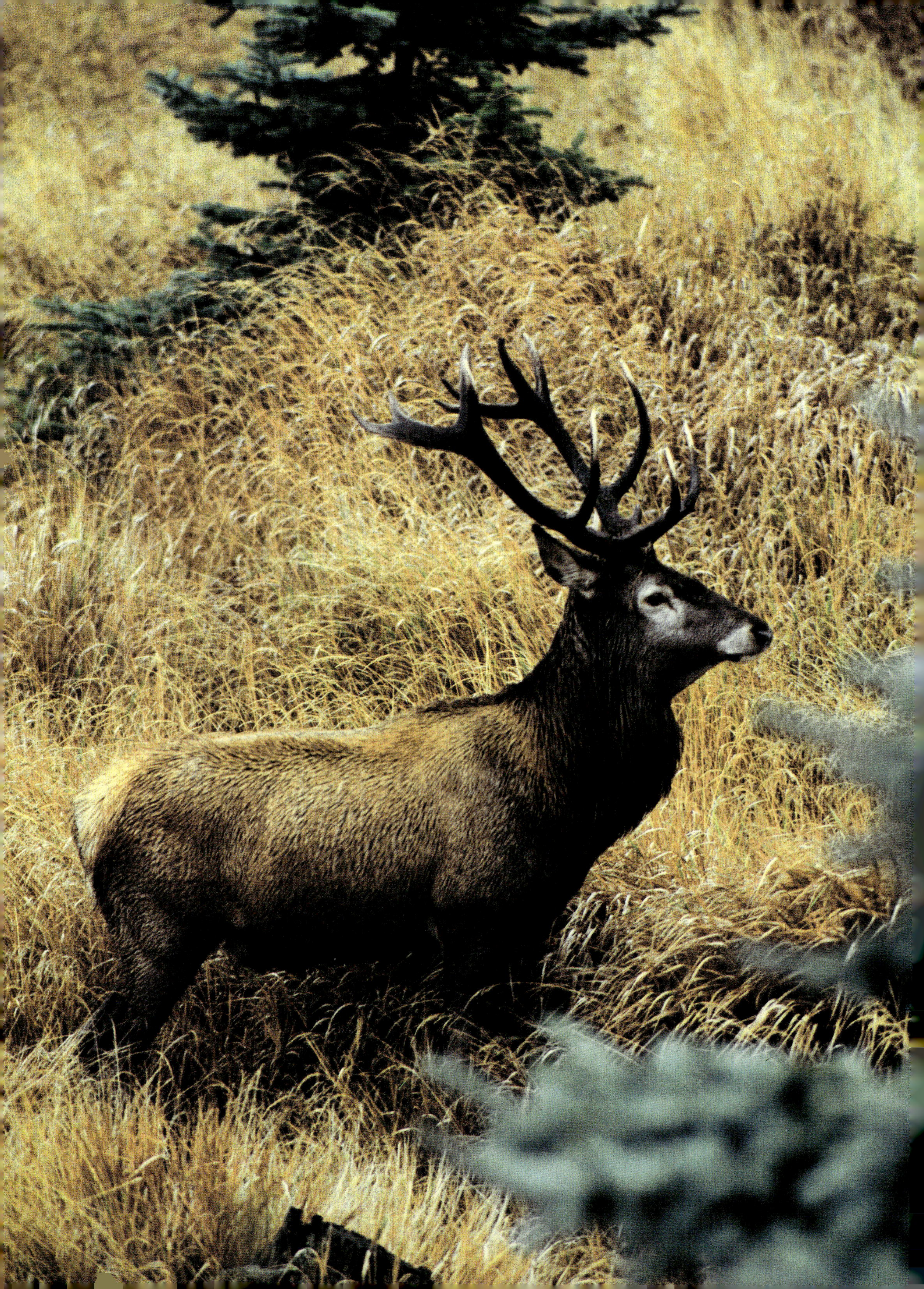

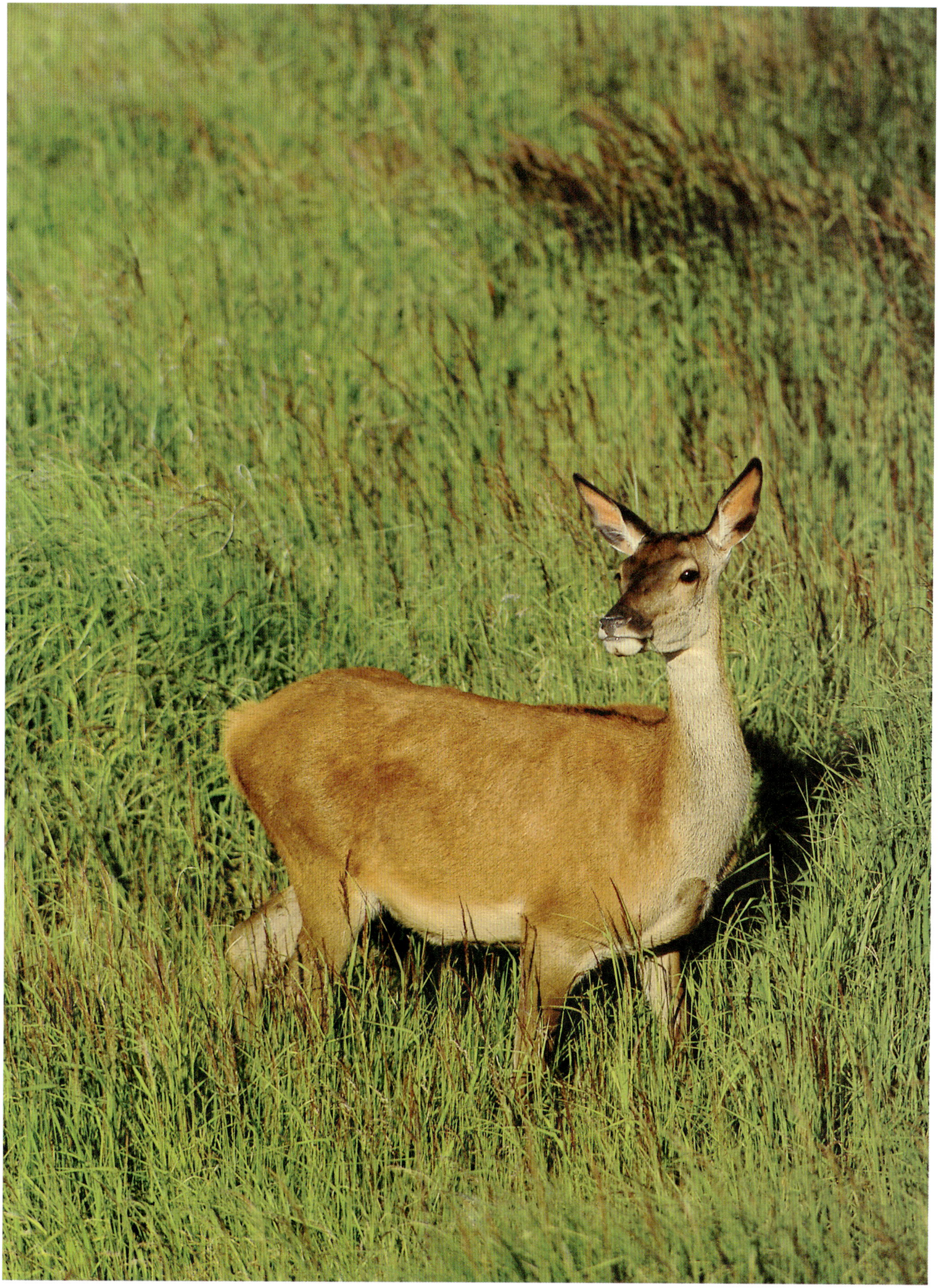

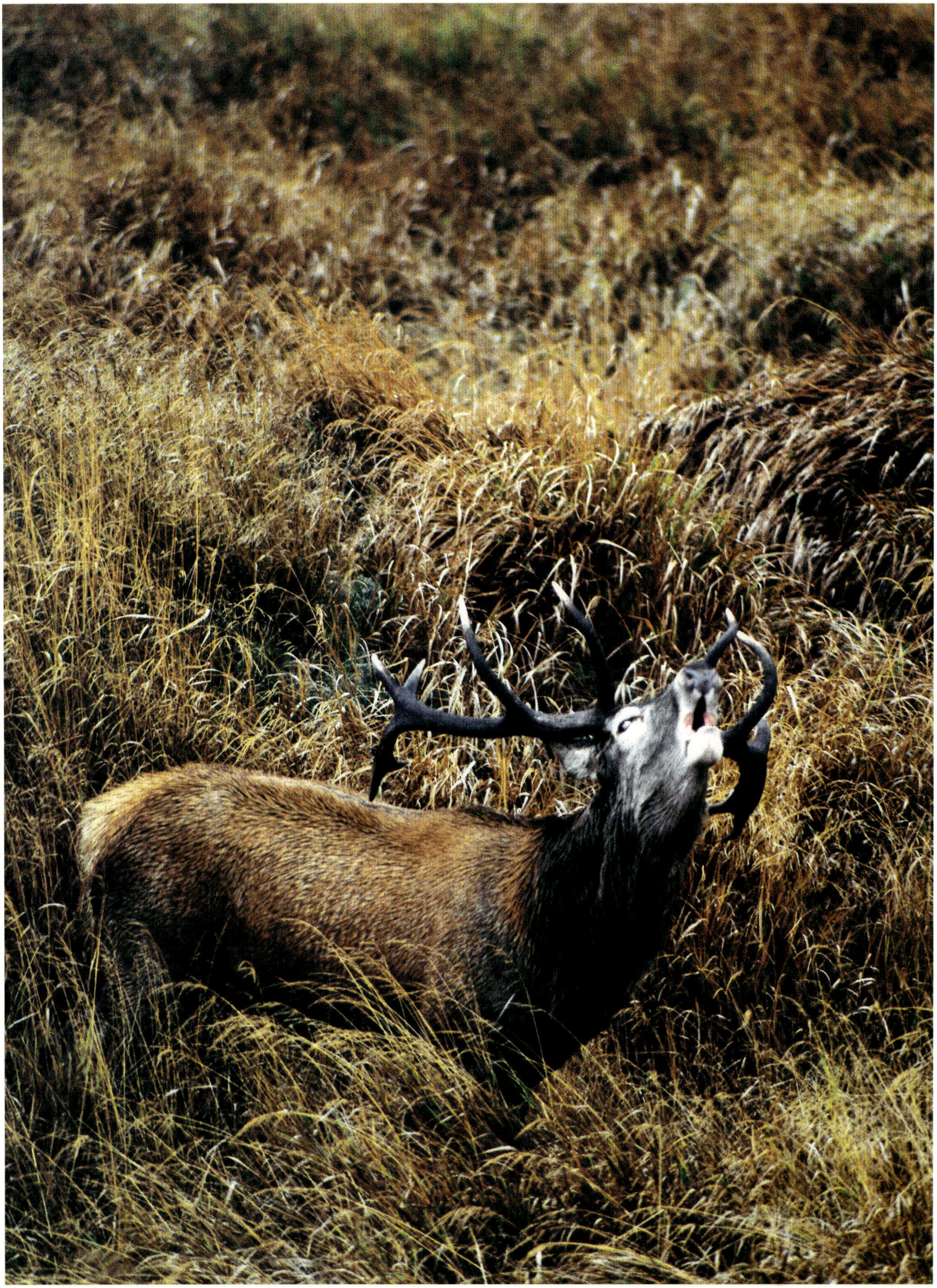

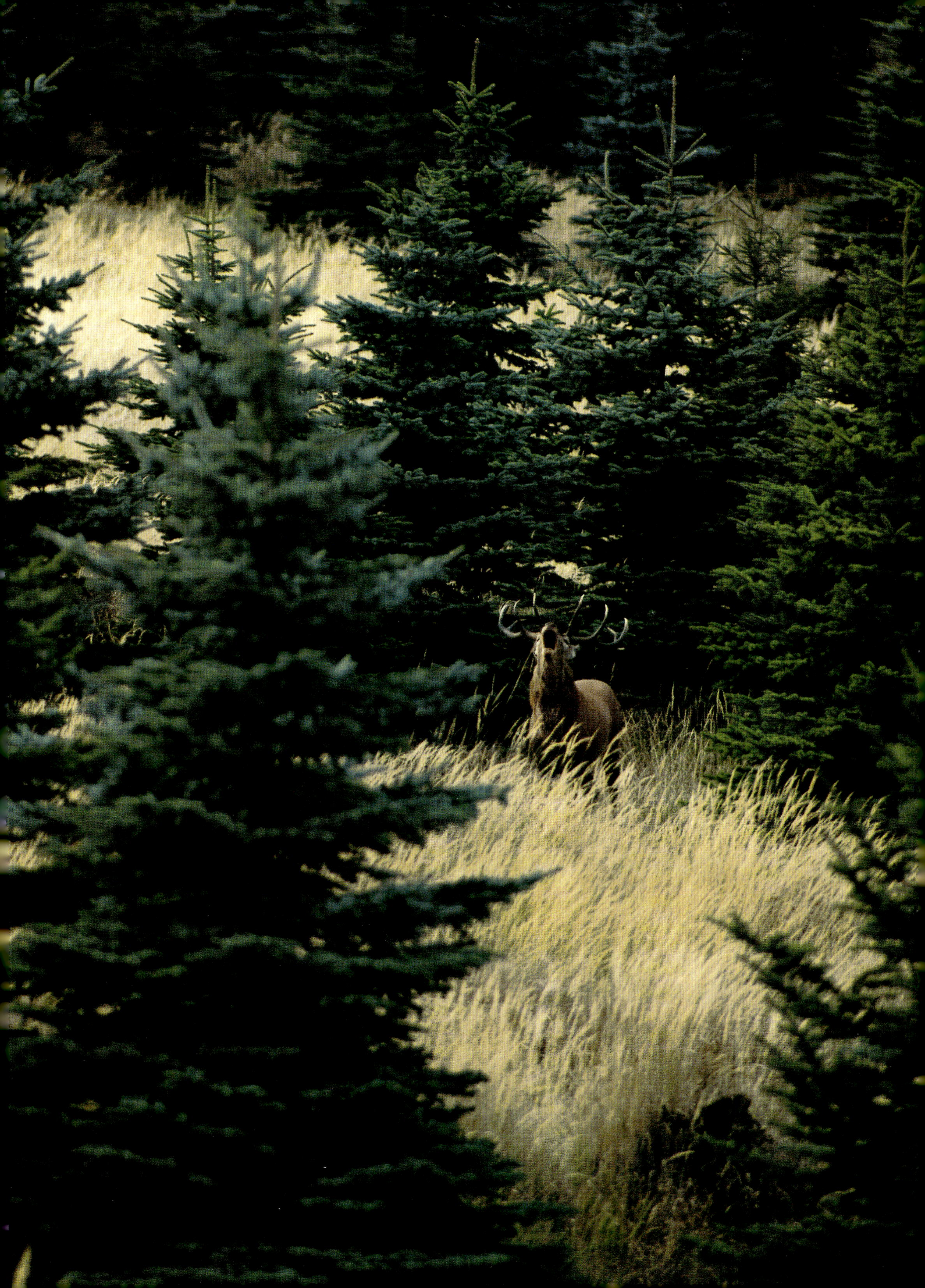

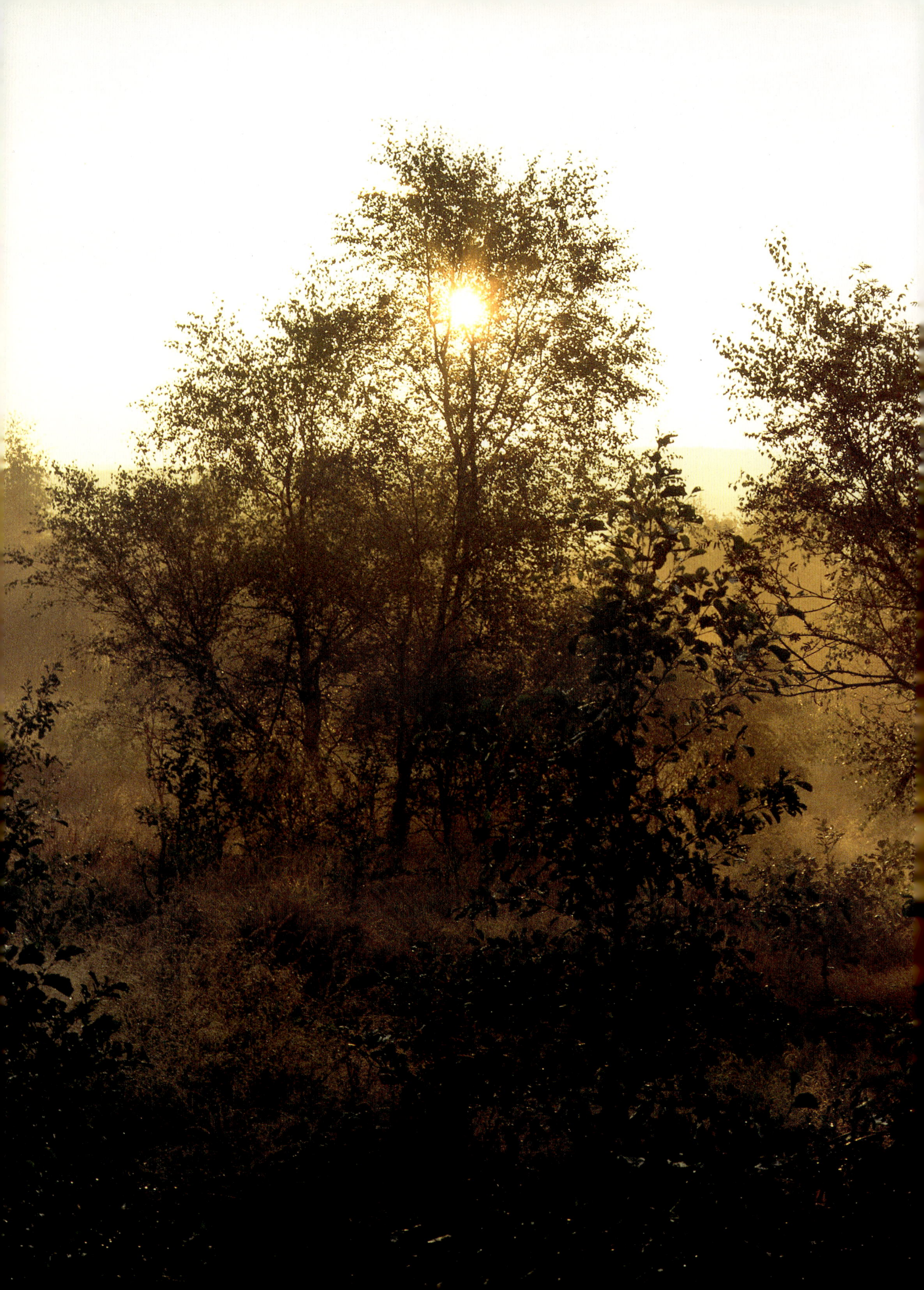

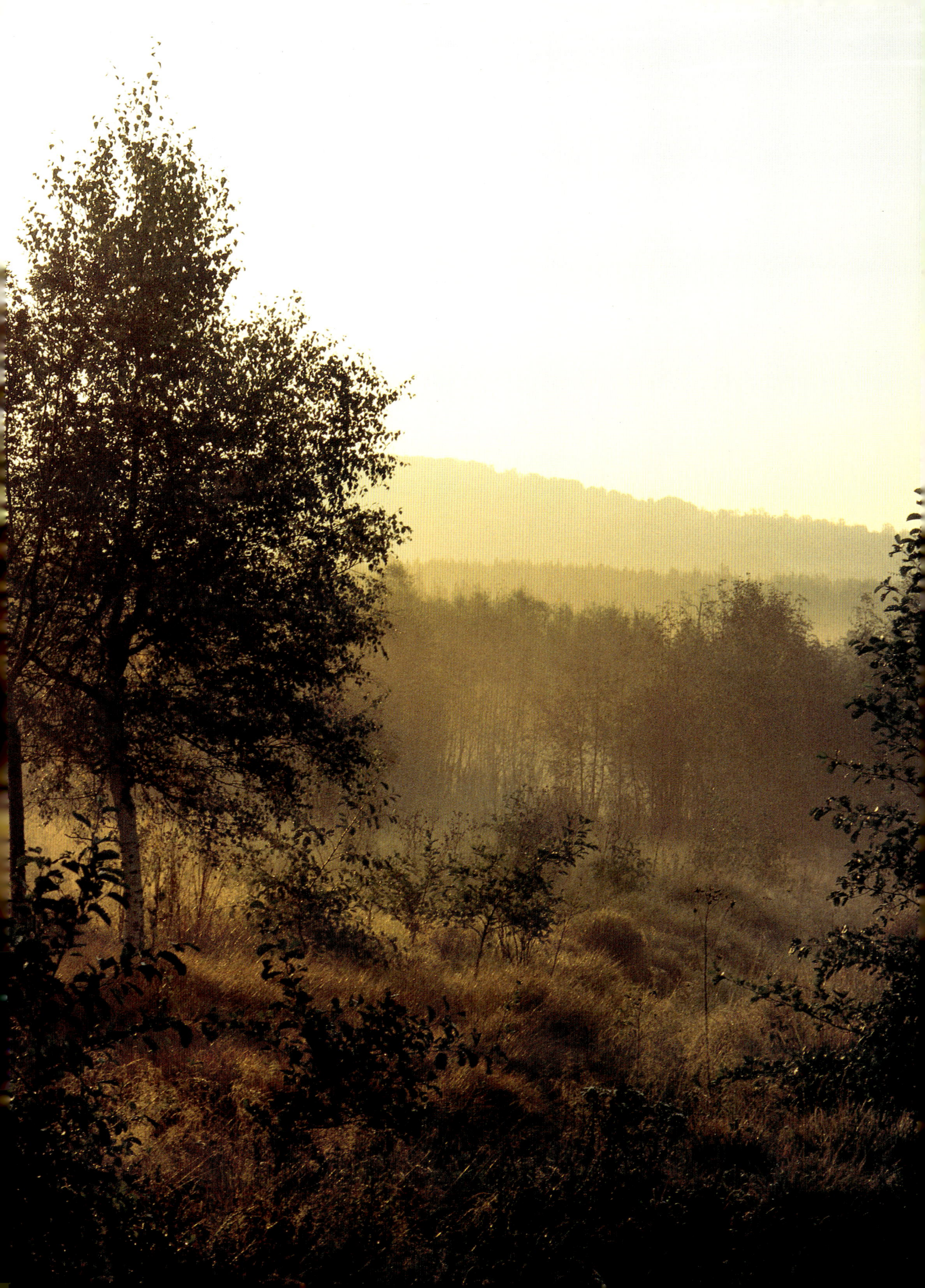

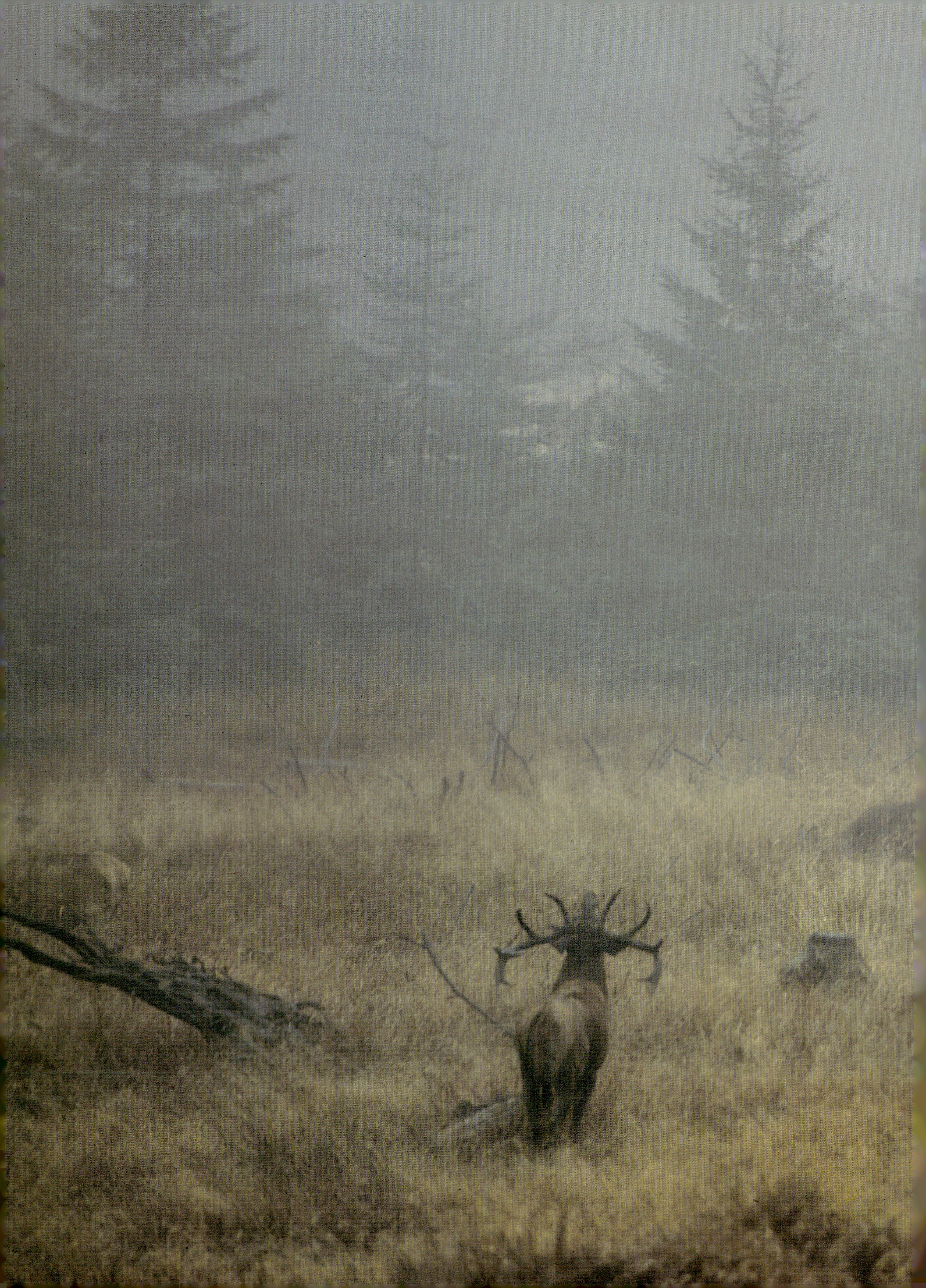

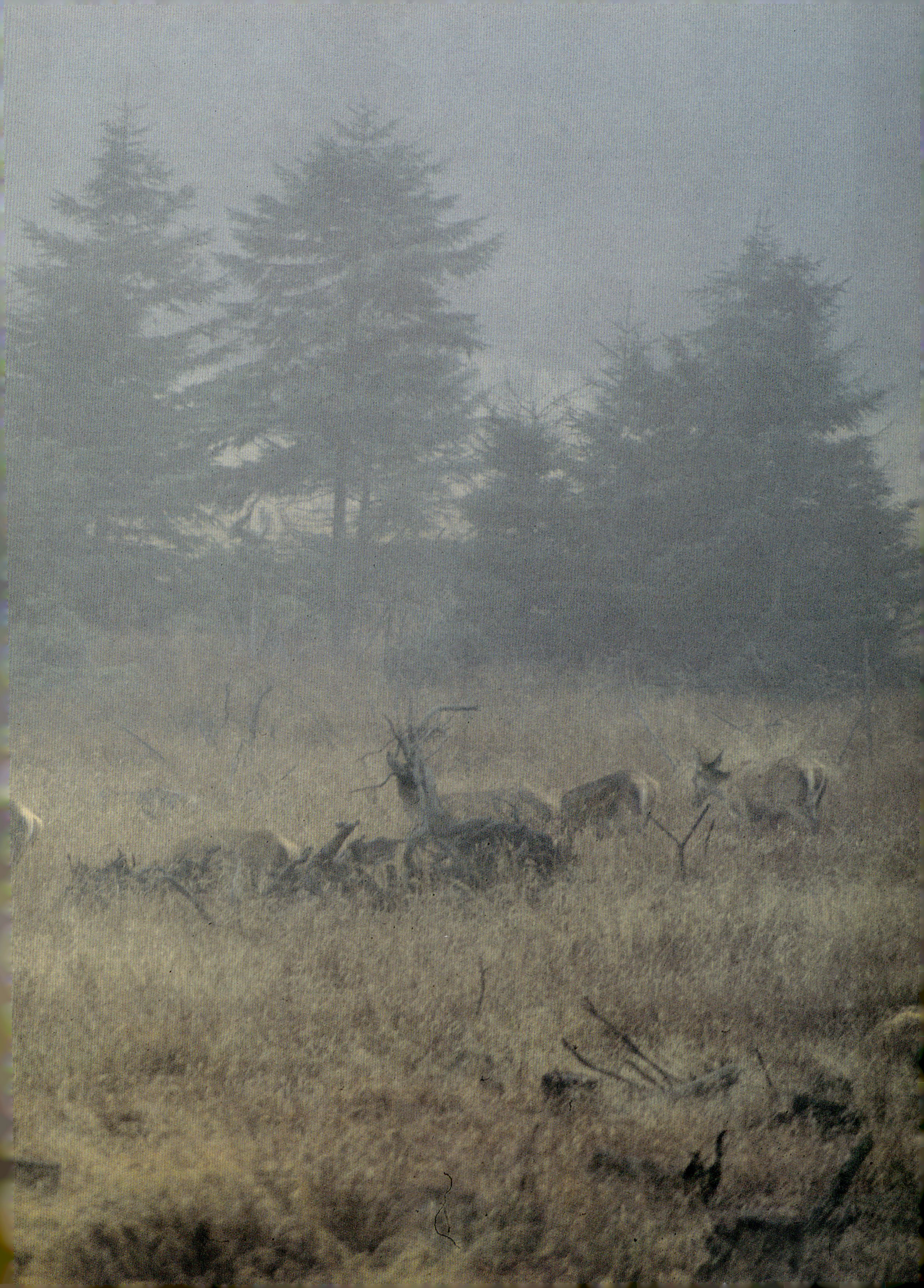

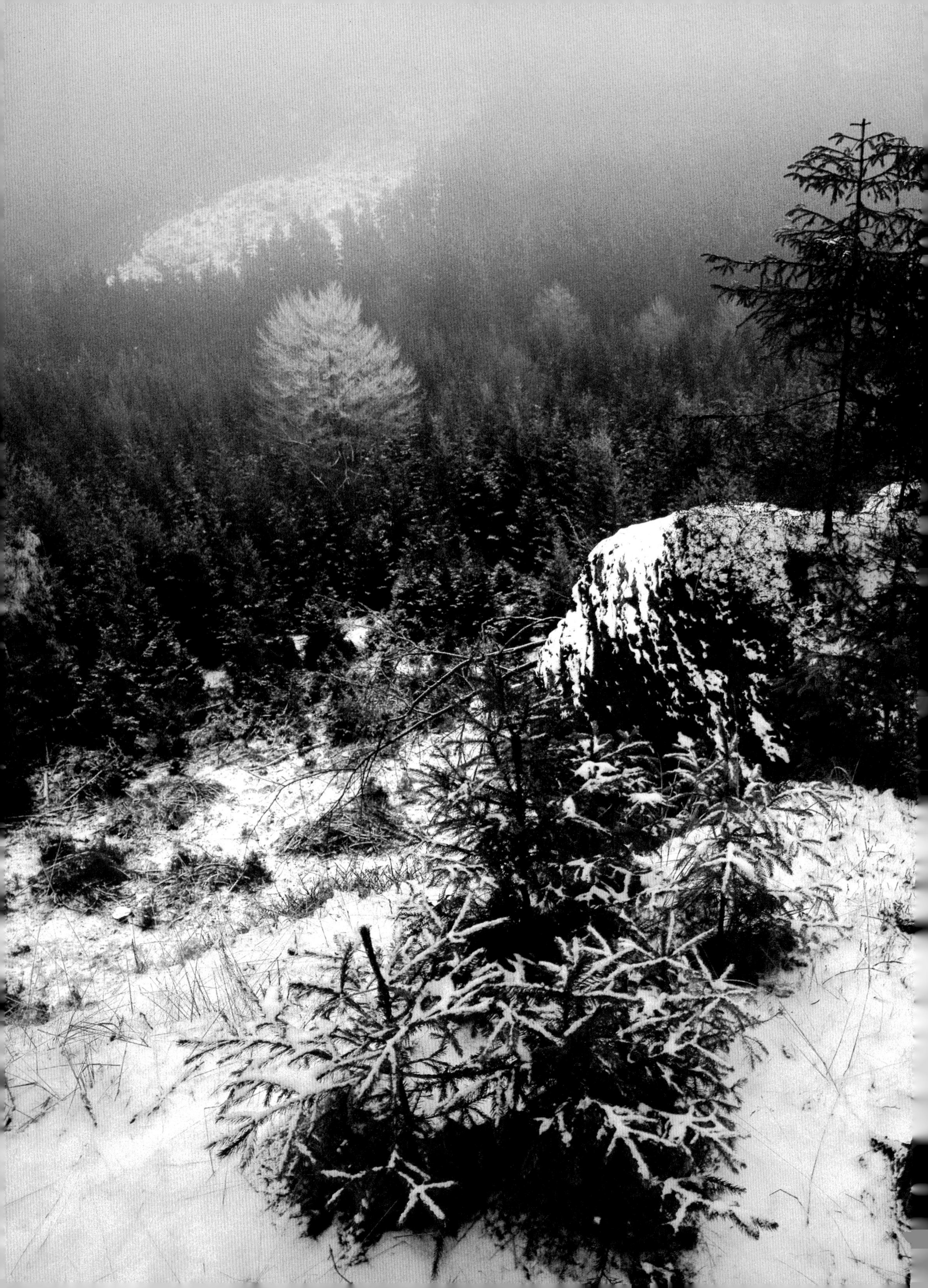

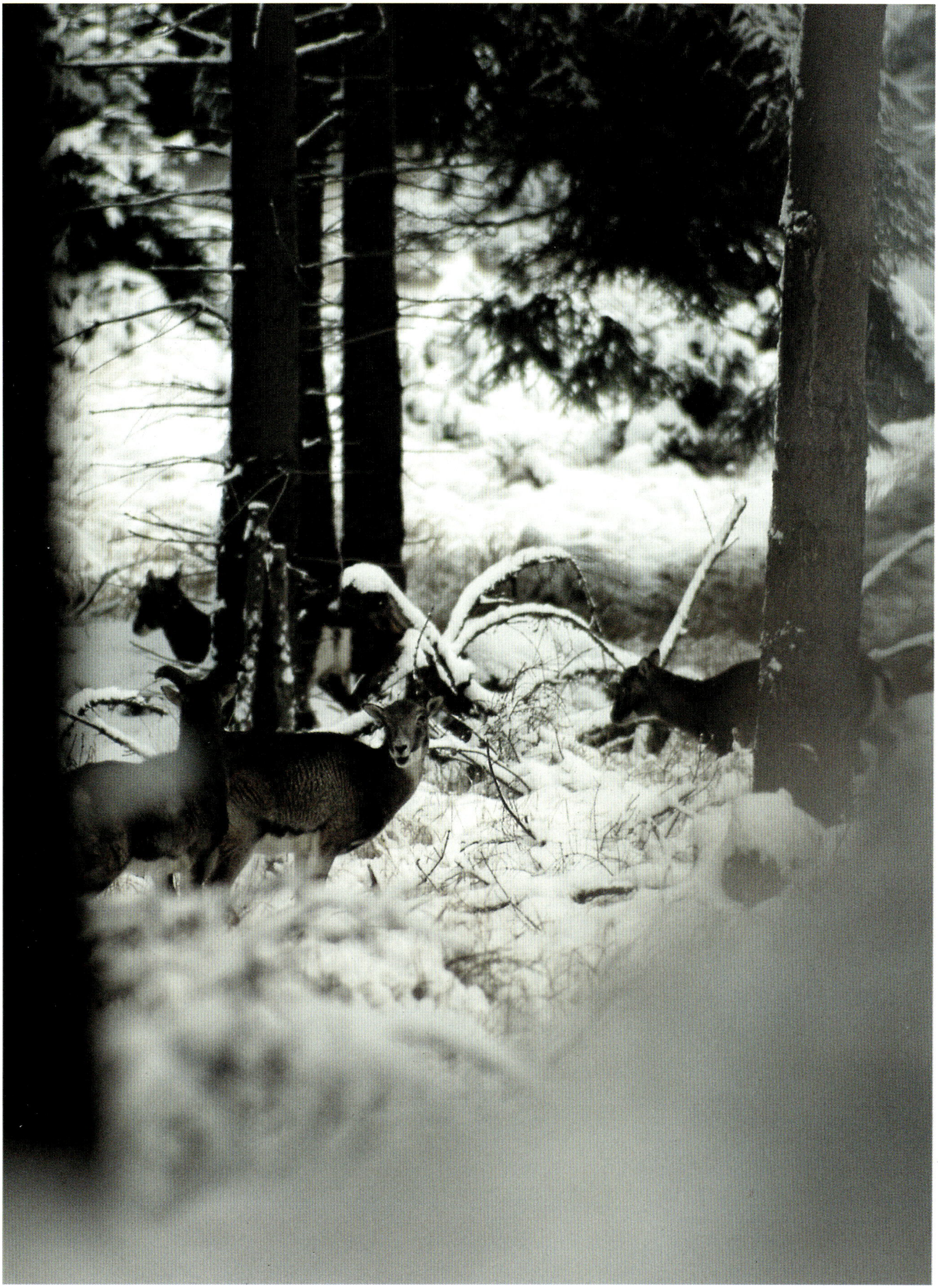

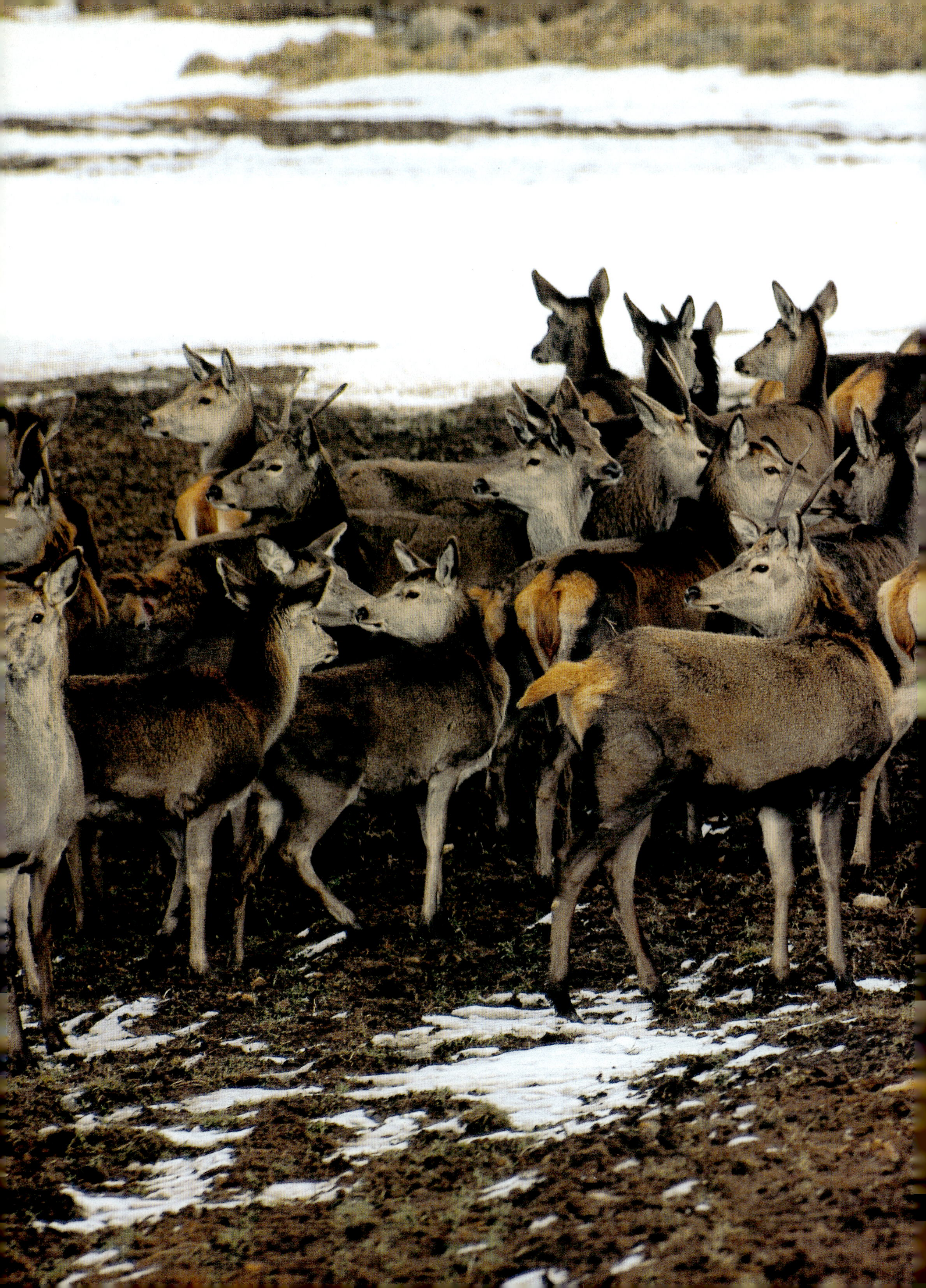

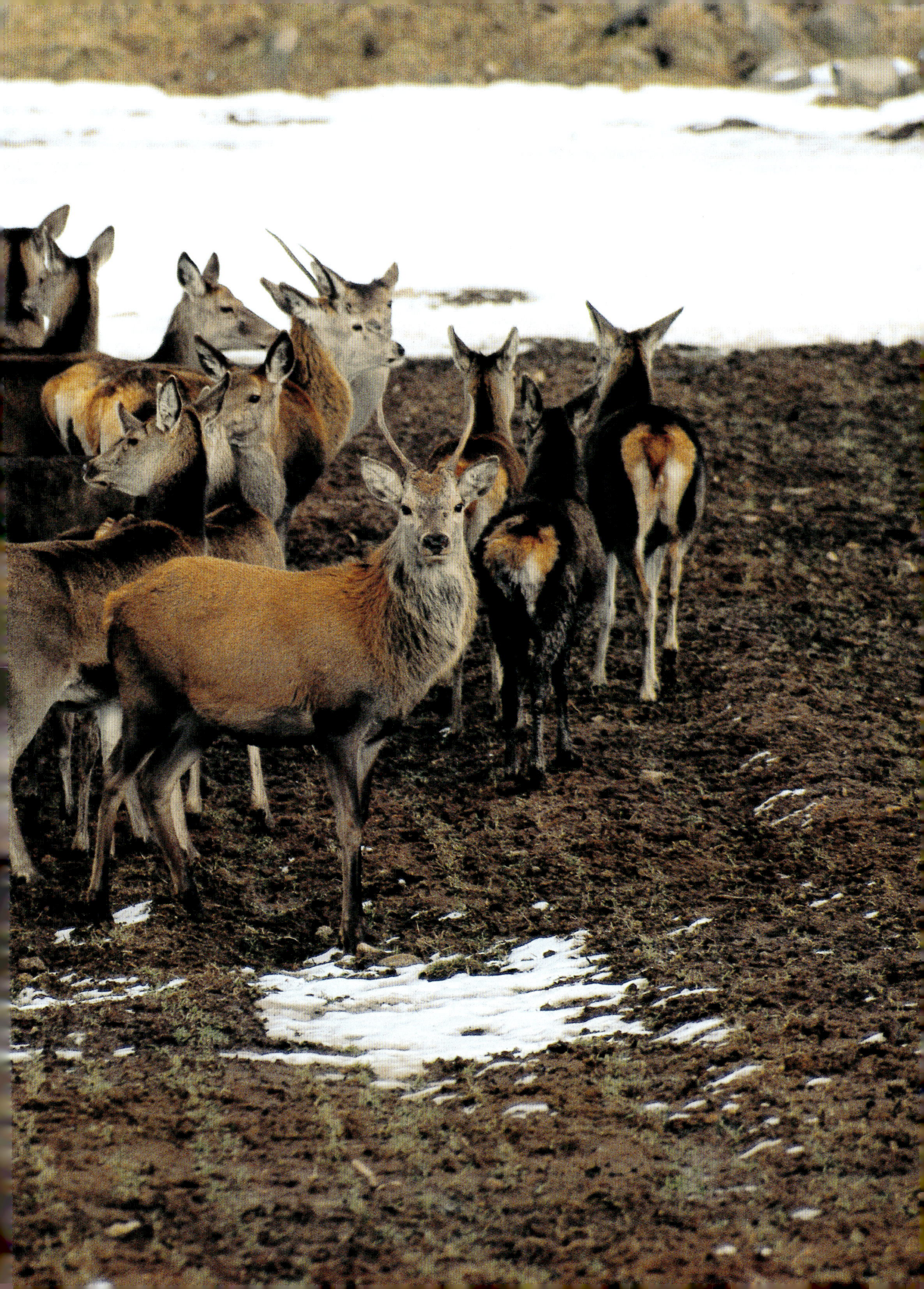

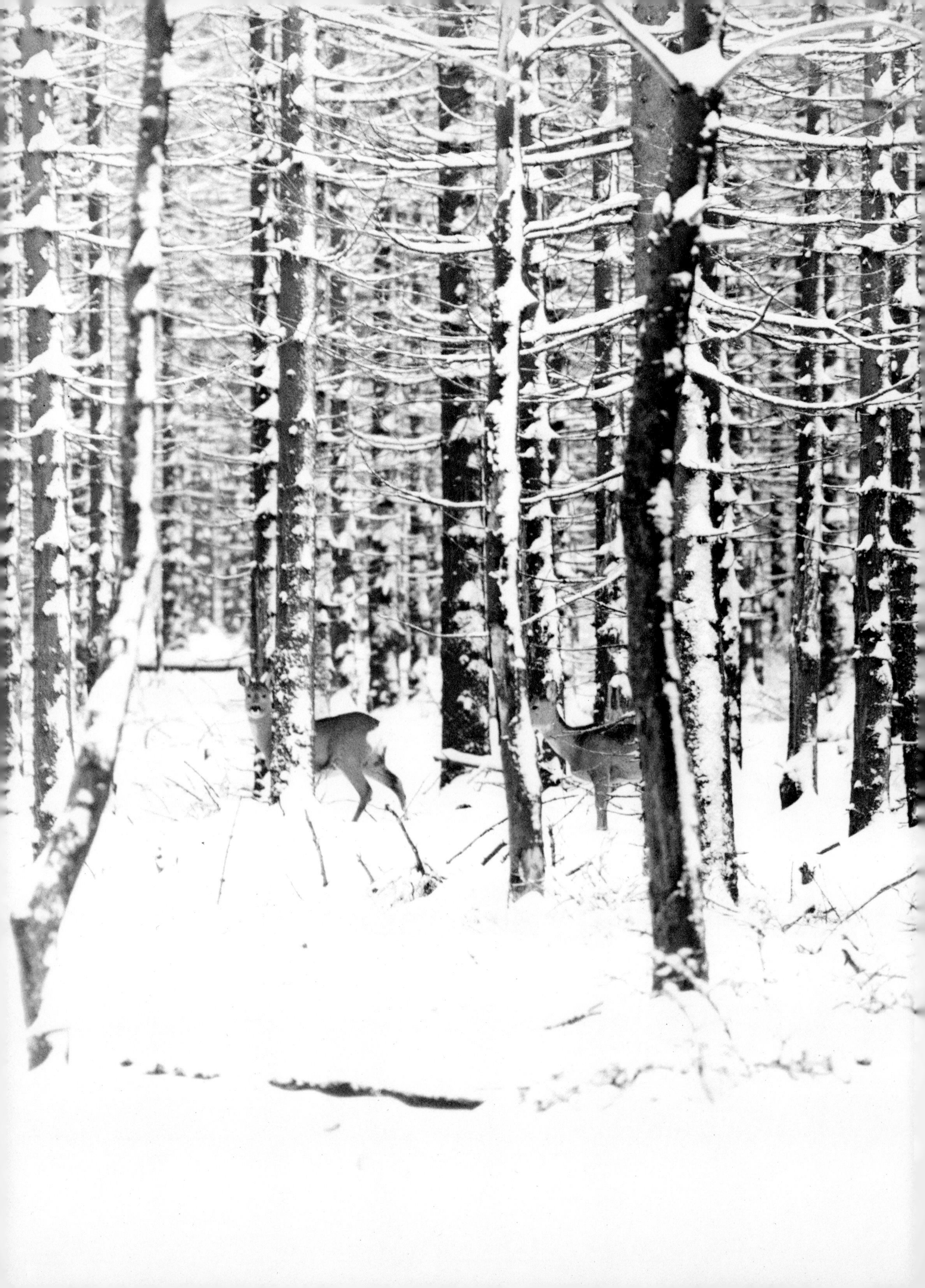

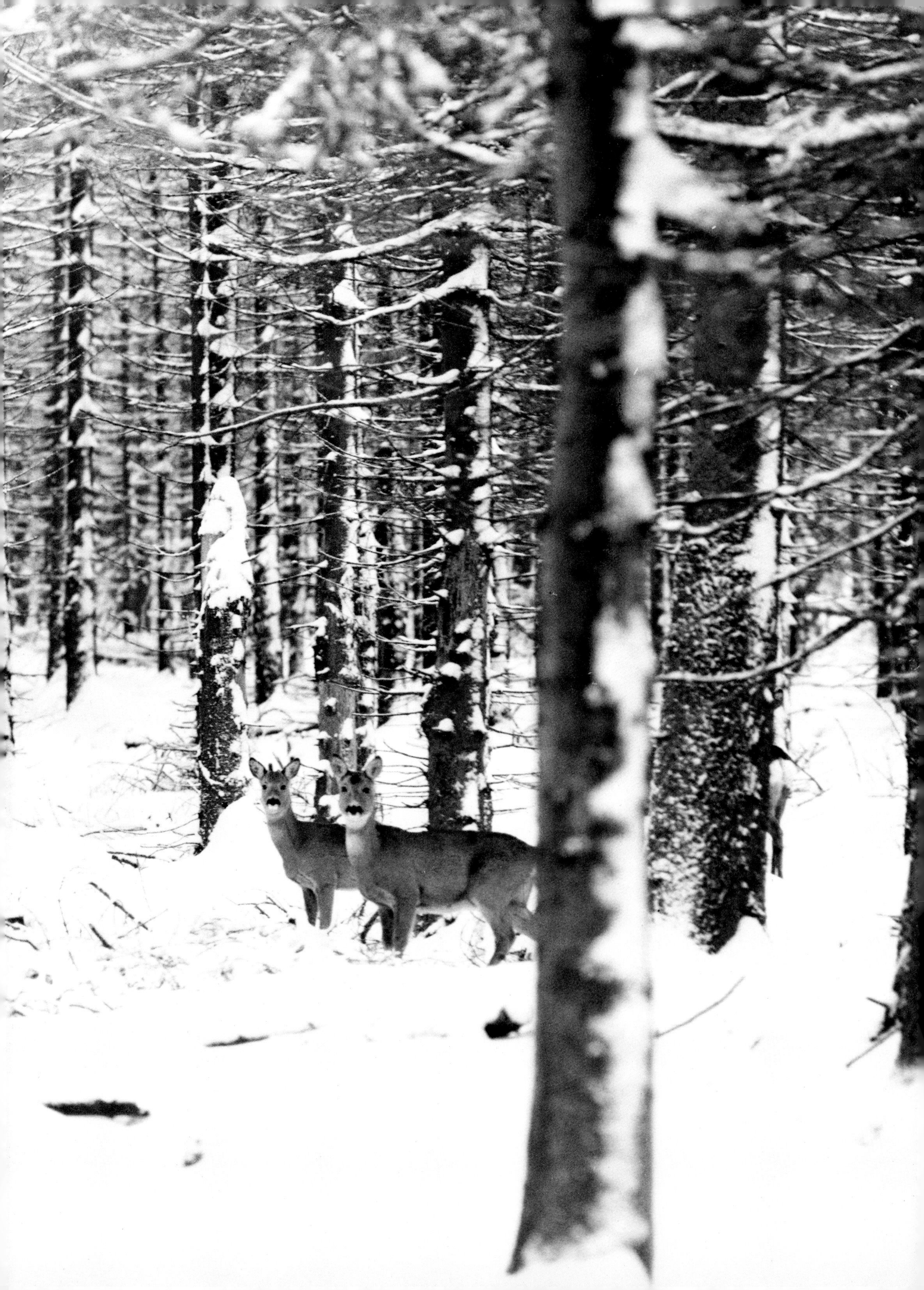

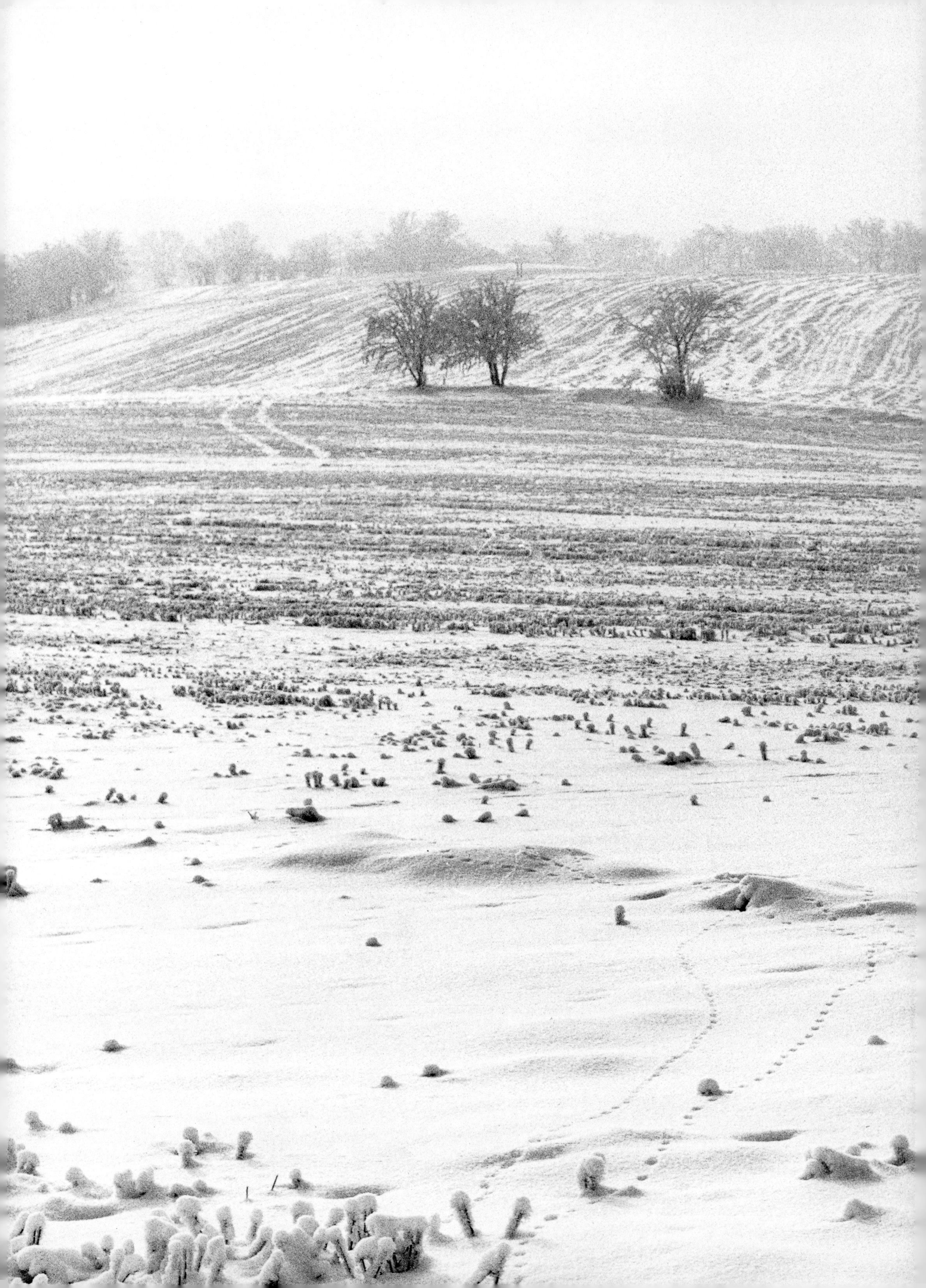

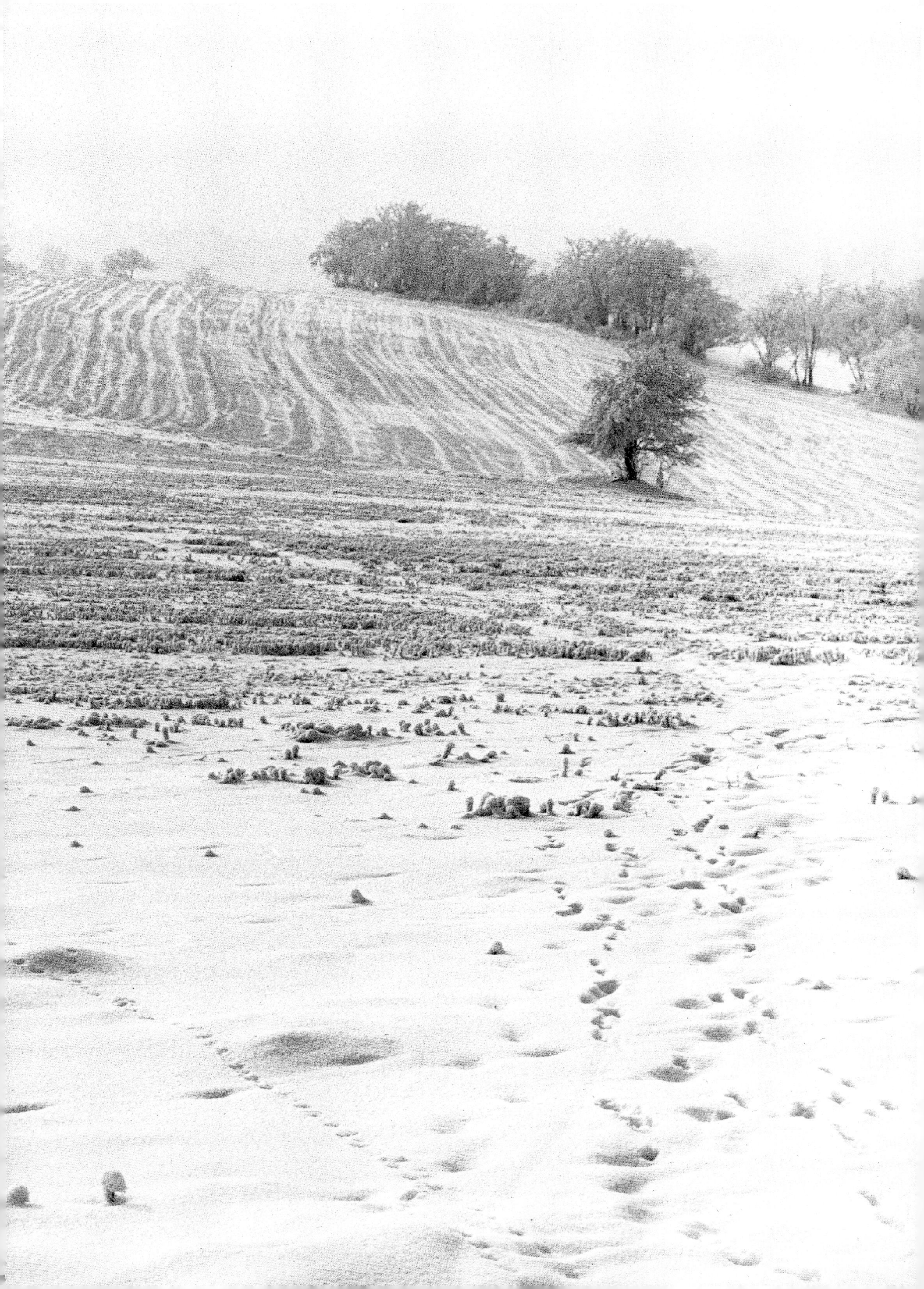

Inhalt

Vorfrühling	S. 21
Blattzeit	S. 22
Bonzo	S. 30
Hirschdusel	S. 42
Bei Vollmond	S. 48
Der gebadete Weihnachtsbaum	S. 52
Der Fuchs mit der Stummellunte	S. 55
Wanderung im Schnee	S. 58

Obsah:

Předjaří	S. 21
Srnčí říje	S. 22
Bonzo	S. 30
Jelení říje	S. 42
Za úplňku	S. 48
Vykoupaný vánoční stromek	S. 52
Liška bez oháňky	S. 55
Toulání ve sněhu	S. 58

Foto: Werner Fröbel, Olbernhau

Der Autor